초등학생을 위한

지구
환경
지식 42

KODOMO KANKYOGAKU
© SHINSEI Publishing Co.,Ltd. 2021
Originally published in Japan in 2021 by SHINSEI Publishing Co.,Ltd., TOKYO.
Korean Characters translation rights arranged with SHINSEI Publishing Co.,Ltd., TOKYO,
through TOHAN CORPORATION, TOKYO and Botong Agency, SEOUL.

이 책의 한국어판 저작권은 Botong Agency를 통한 저작권자와의 독점 계약으로 길벗이 소유합니다.
신 저작권법에 의하여 한국 내에서 보호를 받는 저작물이므로 무단전재와 무단복제를 금합니다.

초등학생을 위한 **지구 환경 지식 42**

초판 발행 • 2024년 10월 30일

감수 • 아사오카 유키히코
번역 • 송소정
발행인 • 이종원
발행처 • 길벗스쿨
출판사 등록일 • 1990년 12월 24일
주소 • 서울시 마포구 월드컵로 10길 56(서교동)
대표 전화 • 02)332-0931 | **팩스** • 02)323-0586
홈페이지 • school.gilbut.co.kr | **이메일** • gilbut@gilbut.co.kr

기획 및 책임편집 • 김윤지(yunjikim@gilbut.co.kr) | **디자인** • 책돼지 | **제작** • 이준호, 손일순, 이진혁
마케팅 • 진창섭, 이지민 | **영업관리** • 정경화 | **독자지원** • 윤정아

교정교열 • 박선주 | **출력·인쇄** • 대원문화사 | **제본** • 신정문화사

▶ 잘못된 책은 구입한 서점에서 바꿔 드립니다.
▶ 이 책은 저작권법에 따라 보호받는 저작물이므로 무단전재와 무단복제를 금합니다. 이 책의 전부 또는 일부를 이용하려면
   반드시 사전에 저작권자와 길벗스쿨의 서면 동의를 받아야 합니다.

ISBN 979-11-6406-808-1 73400 (길벗스쿨 도서번호 600007)

정가 17,000원

독자의 1초를 아껴주는 정성 길벗출판사

(주)도서출판 길벗 | IT교육서, IT단행본, 경제경영서, 어학&실용서, 인문교양서, 자녀교육서 www.gilbut.co.kr
길벗스쿨 | 국어학습, 수학학습, 어린이교양, 주니어 어학학습, 학습단행본 www.gilbutschool.co.kr

초등학생을 위한

지구환경 지식 42

아사오카 유키히코 감수
송소정 옮김

시작하며

지구의 미래를 맡을 여러분에게

우리가 살아가는 세계는 다양한 생명과 지구와의 관계로 이루어져 있어요.

그러나 사람을 포함한 모든 생명체와 이를 떠받치는 지구의 관계가 점점 위험해지고 있어요. 이대로 간다면 지구 시스템이 무너져 버릴지도 몰라요. 우리가 살아가는 세계가 파괴될 수 있다니 너무 무섭지 않나요?

그래서 2015년 유엔에서는 SDGs라는 약속을 내걸었어요. 지구의 환경 문제를 해결하기 위한 노력으로 17개의 목표와 169개의 세부 항목을 정해 2030년까지 실현하자는 내용이죠. 이러한 환경 문제를 여러분이 이해하고 배울 수 있도록 이 책을 썼어요.

앞으로의 세계를 만드는 건 여러분 같은 어린이와 청소년들이에요.

지금부터 이 책을 시작으로 생명과 지구에 흥미를 갖고 많은 것을 배우고 생각하며 행동하기를 응원합니다.

감수 **아사오카 유키히코**(일본 환경 교육 학회 회장, 도쿄 농공 대학 교수)

추천의 글

호기심과 탐구심이 가득 찬 여러분에게

세상에 하나뿐인 소중한 존재로 태어나 어느덧 초등학생이 된 여러분에게 지금 꼭 필요한 건 무엇일까요? 바로 내가 살아가는 세상과 환경을 경험하고 알아가는 거예요. 여러분은 '지구에는 몇 명이 살 수 있을까?' '북극 얼음이 진짜로 녹고 있어?' '코로나 바이러스도 환경 문제 때문이라고?'와 같은 의문이 든 적이 있나요?

사실 지구 환경은 굉장히 방대하고 복잡하게 연결되어 있어서 쉽게 말할 수는 없어요. 이 책에서는 동물 친구들이 이러한 질문에 차근차근 대답해 줘요. 그림과 그래프로 핵심 개념까지 짚어 주지요.

많은 사람이 환경 문제에서 실천이 중요하다고 말합니다. 그러나 생각이 바뀌고 마음에 와닿아야 실천으로 이어지겠죠? 이를 위해 환경 지식을 배우고 깨닫는 게 꼭 필요합니다. 이 책을 통해 여러분이 세상에 '관심'을 기울이고, 세상을 보는 '눈'을 길러 '환경 지식'을 얻길 바랍니다.

홍세영(초등 교사, 환경 교육 전문가, 《지금 시작하는 나의 환경수업》 저자)

차례

시작하며 · 004
추천의 글 · 005

들어가기 환경이란 무엇일까? · 011

지구 환경이 변하고 있어 · 012
환경 문제는 이어져 있어 · 014
환경학이 뭐야? · 016
환경 문제는 언제부터 있었어? · 018
지구는 처음에 어떻게 생긴 걸까? · 022
지구의 변화를 알려면? · 026
지구에는 몇 명이 살 수 있을까? · 028
함께 생각해요 2억 5천만 년 후에 일본이 대륙의 일부가 된다고? · · · · · · 032

1장 지구의 문제를 알자 · 033

북극 얼음이 진짜로 녹고 있어? · 034
산림은 왜 필요할까? · 044
이상 기후가 늘고 있어! · 046
함께 생각해요 이산화 탄소를 모아서 묻는다고? · · · · · · · · · · · · · · · · · · 050

2장 쓰레기를 줄이고 재활용하자 · 051

마트의 비닐봉지가 유료로 바뀐 까닭은? · 052
물고기가 플라스틱을 먹는다고? · 058
해안 쓰레기는 어디로 가? · 062
점점 늘어나는 쓰레기 문제 · 064
아직 사용할 수 있는 쓰레기도 있다고? · 070
먹다 남긴 급식은 어디로 가는 걸까? · 076
물건을 버리는 것은 아까워! · 080
함께 생각해요 우주 쓰레기를 수집할 수 있다고? · · · · · · · · · · · · · · · · 082

3장 자원과 에너지를 소중히 사용하자 · 083

전기가 없어도 살아갈 수 있어? · 084
전철은 전기로 움직이니까 친환경? · 088
똥으로 전기를 만들 수 있어? · 090
원자력은 좋을까? 나쁠까? · 094
공룡 화석에서 석유가 생기는 거야? · 098
석유도 사재기를 한다고? · 102
함께 생각해요 우주에서 태양광 발전을! · 106

007

4장 물·공기·흙을 보호하자 · 107

바닷물은 무한대야? · 108
공장에서 나온 물은 왜 더러운 걸까? · 112
거북이가 비닐봉지를 먹는다고? · 116
바다는 무엇이든 분해해? · 122
비료와 농약이 있으면 채소는 건강하게 자라? · · · · · · · · · · · · · · · · 126
산소가 없으면 우리는 존재하지 않아! · 130
햇볕을 쬐면 몸에 좋은 거 아니야? · 134
눈물을 흘리는 동상? · 138
바깥에서 눈이 따끔따끔한 이유는? · 144
함께 생각해요 일회용 핫팩으로 지구가 깨끗해진다고? · · · · · · · · · · · · · · · · 148

5장 생물 다양성을 지키자 · 149

고릴라가 사라진다고? · 150
사자가 얼룩말을 다 잡아먹으면 어떻게 되는 거야? · · · · · · · · · · · · 154
치와와와 시바견은 다른 종일까? · 160
시를 지을 수 있는 건 생태계 덕분? · 164
산림이 황폐해지고 있다고? · 166
함께 생각해요 생존 법칙 · 168

6장 지구의 미래를 생각하자 ···················· 169
　　날씨가 맑은데도 왜 비행기가 날지 못해? ···················· 170
　　식량이 부족하면 곤충도 중요한 영양원? ···················· 174
　　신종 코로나 바이러스도 환경 문제 때문이라고? ···················· 178
　　지구 온난화를 멈추기 위한 세금이 있다고? ···················· 180
　　환경 문제는 누가 해결하는 거야? ···················· 184

　　SDGs란 무엇일까? ···················· 188
　　생명을 위협 받는 귀중한 동물들 ···················· 194
　　참고 사이트 ···················· 195
　　사진 출처 및 참고 문헌 ···················· 197
　　찾아보기 ···················· 198

※ 이 책의 내용은 유엔에서 승인 받은 것이 아니며
SDGs의 내용 역시 유엔과 가맹국의 의견을
직접 반영한 것은 아닙니다.

이 책을 보는 법

환경에 관해 궁금한 점을 물어봐요.

자세하게 설명해요.

물음에 답을 해요.

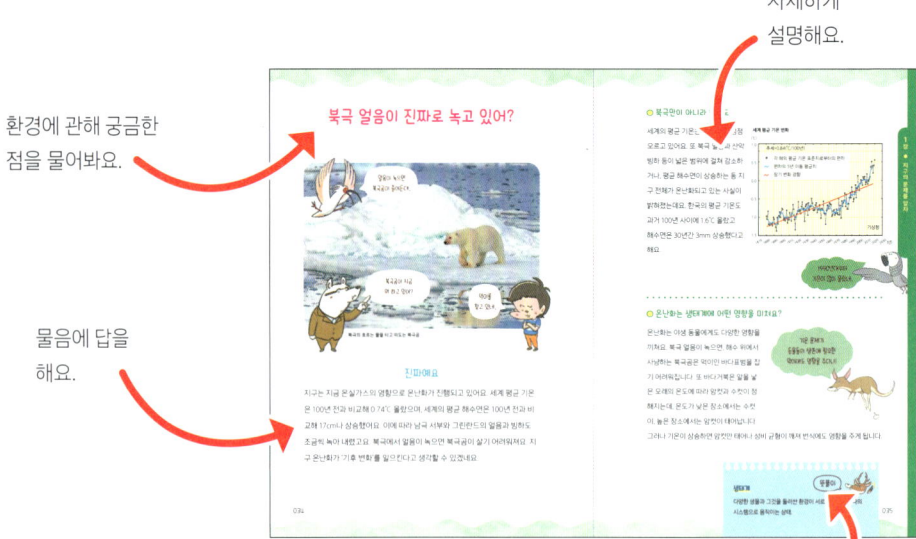

어려운 단어의 뜻을 알려줘요.

이 책에 등장하는 캐릭터

북극곰 박사
환경학 박사로 환경에 관한 다양한 문제를 알려 줘요.

바다에 대해 많은 것을 알고 있는 바다거북
바다에 흘러오는 비닐봉지가 최근 고민이에요.

뜻풀이 사슴
지식이 넓고 아는 것이 많아 어려운 단어를 설명해 줘요.

말하기 좋아하는 따오기
중국 출생으로 현재 일본에 살고 있어요.

현명한 리더 회색앵무
하늘에서 본 지구를 알려 줘요.

촌철살인 호랑이
말수는 적지만 중요한 사실을 알려 줘요.

의외로 박식한 수마트라 코뿔소
친구들이 틀리면 짚어 줘요.

엄마와 새끼가 함께 대륙을 관찰하는 캥거루
넓은 시야에서 환경을 보고 있어요.

학생들

큰 귀로 정보를 모으는 토끼
환경에 관한 정보를 모으는 중이에요.

들어가기

환경이란 무엇일까?

지구 환경이 변하고 있어 — 12

환경 문제는 이어져 있어 — 14

환경학이 뭐야? — 16

환경 문제는 언제부터 있었어? — 18

지구는 처음에 어떻게 생긴 걸까? — 22

지구의 변화를 알려면? — 26

지구에는 몇 명이 살 수 있을까? — 28

지구 환경이 변하고 있어

우리가 살고 있는 지구는 41억 년이라는 아주 먼 옛날부터 존재했어요. 그러나 처음부터 인간이 살 수 있는 환경은 아니었어요. 산소가 생겨 오존층이 형성되고, 몇 번의 빙하기를 거치면서 지구는 조금씩 변화해 왔어요. 인간은 풍족한 생활을 위해 농업을 시작하고 공업을 발달시키면서 자연을 이용하기 시작했어요. 그 결과로 지구 환경은 빠르게 달라졌어요.

46억 년~41억 년 전
지구와 생명의 탄생

질척하게 녹은 바위 덩어리였던 지구에 얼음 행성이 수없이 쏟아지면서 물과 생명의 근원이 되는 물질을 가져왔어요.
그리고 생명이 생겼어요.

5억 5천만 년 전
생명의 대진화

지구 동결과 해빙을 두 번 반복하는 사이에 다세포 생물이 나타났어요. 그리고 바닷속에서는 100만 배도 넘는 아주 큰 생물이 많이 탄생했어요.

29억 년 전
광합성 시작

바닷속에서 남세균이 탄생했고 이산화 탄소와 물에서 유기물과 산소가 만들어졌어요.

23억 년 전
지구 동결 시대

은하가 충돌하면서 수많은 별이 탄생했어요. 우주에서 쏟아져 나온 방사선이 지구 전체를 덮었어요. 태양 에너지가 지구에 도달하지 않자 지구는 얼어 버렸어요.

700만 년 전
인류가 나타났어요

6600만 년 전
공룡 멸종
거대 운석이 충돌하면서 멸종했을 거로 추측해요.

20만 년 전
호모 사피엔스의 탄생

2억 5천만 년 전
공룡이 나타났어요

기원전 1만 년 전
인간이 농업을 시작했어요

300년 전
산업 혁명이 일어났어요
에너지를 이용하는 기술이 개발됐고, 기계를 움직이기 위해 석탄과 석유를 사용했어요.

2020년대
그리고 지금……

들어가기 ● 환경이란 무엇일까?

환경 문제는 이어져 있어

우리 생활은 자연환경과 사회 환경 같은 여러 가지 요소와 연관돼 있어요. 모든 요소가 서로 영향을 주고받으면서 지금의 환경이 되었답니다.

한 가지 문제가 발생하면 이렇게 여러 환경에 영향을 주는구나.

인간이 활동하기 시작하자…
사람들은 보다 나은 삶을 위해 농업과 공업을 발전시켰어요.

인구 폭발
개발 도상국을 중심으로 인구가 폭발적으로 증가했어요.

편리한 게 최고야!
가볍고 편리한 플라스틱을 대량으로 사용하고 있어요.

생활을 하려면
사람들이 먹을 음식물을 공급하려면 식물과 재료가 많이 필요해요.

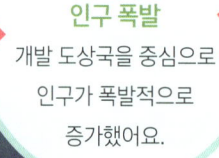

쓰레기 문제
플라스틱 용기와 과대 포장으로 쓰레기가 늘어나고 있어요. 또 쓰레기를 태울 때 나오는 이산화 탄소 때문에 온실가스가 발생하고요.

산림 벌채
나무가 사라지면 이산화 탄소를 흡수하는 식물이 줄어들어 결국 이산화 탄소가 증가해요.

소의 축산
소의 트림과 분뇨에서 나오는 메탄가스는 온실가스의 한 종류로 지구 온난화의 큰 원인이 되고 있어요.

메탄가스

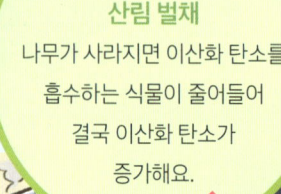

해양 오염
플라스틱 쓰레기는 하수로 흘러서 결국은 바다를 오염시켜요.

공해
쓰레기를 태울 때 발생하는 유해 물질 탓에 대기 오염이 발생해요. 땅에 쓰레기를 매립하면 유해 물질이 나와 토양이 오염돼요.

화석 연료의 사용
플라스틱을 만들려고 석유처럼 양이 한정된 자원을 계속 사용하면 미래에는 고갈되고 말 거예요.

들어가기 ● 환경이란 무엇일까?

여러 가지 문제가 연결되어 있구나.

이산화 탄소 방출

생태계 파괴
이상 기후로 지구 생태계가 무너져서 식물과 생물에 큰 영향을 주었어요.

프레온 가스

오존층 파괴
오존층은 태양에서 나오는 강력한 자외선을 차단해 줘요. 냉장고와 에어컨 등에 사용된 프레온은 오존층을 파괴하기도 해요.

기후 변화
온실가스 증가는 지구 전체가 따뜻해지는 온난화의 원인이에요. 그 결과 이상 기후가 발생해 지구 전체의 생태계를 무너뜨리고 있어요.

015

환경학이 뭐야?

우리를 둘러싼 생명과 사물의 관계를 배우는 거예요

지구에는 지진, 태풍, 가뭄, 화산의 분화 같은 다양한 자연 현상이 일어나고 있어요. 또한 인간이 지구 자원을 너무 많이 이용하거나 자연환경을 파괴해서 오염된 환경이 생태계에 큰 영향을 끼치고 있어요. 우리를 둘러싼 생명과 지구 환경을 지키려면 어떻게 해야 할지 생각하는 것은 매우 중요해요. 인간이 자연과 공생하며 발전하기 위해 사물과의 관계를 이해하고 어떻게 행동할지를 생각하는 것이 바로 환경학이에요.

● 우리가 태어난 지구의 환경 변화를 배워서 미래를 준비해요

우리는 '지구'라는 오묘한 별에서 태어났어요. 이 별은 생명이 태어나 진화하는 데 아주 좋은 환경이었죠. 인간도 생명의 한 종류로서 다른 생물과 함께 변화해 왔어요. 우리는 쾌적한 생활을 위해 여러 가지 산업을 만들어 냈어요. 집을 짓고 차를 타며 살기에 편리한 도시를 개발했죠. 다양한 요소가 연결되어 환경에 영향을 주면서 그때마다 변화해 갔어요. 덕분에 생활은 편리하게 발전했지만, 이상 기후와 생물의 멸종 그리고 산림 감소 같은 새로운 문제를 만나게 되었어요. 이러한 환경 현상과 변화를 배우고, 지구와 생명을 위해 무엇을 할 수 있는지를 생각하며 행동하는 것이 환경학의 목적이에요.

> 편리한 세상이 되었지만 지구 환경은 반대로 변화했구나.

● 왜 지금 환경학을 배워야 할까요?

매일매일 지구 환경은 점점 더 나빠지고 있어요. 지금 우리가 행동하지 않으면 지구는 파괴되어 버릴지도 몰라요. 인간의 편리함만을 우선하지 않고 환경을 늘 생각하며 생활한다면 미래의 지구 환경도 변할 수 있다는 것을 배우는 일은 매우 중요해요.

> 나중에 지구에서 살지 못하게 되면 어떡해?

환경 문제는 언제부터 있었어?

고대 문명 시대부터 있었어요

우리를 둘러싼 환경 문제는 고대 문명 시대에도 있었어요. 식량 확보와 더 풍족한 생활을 위해 사람들은 여러 가지를 궁리했죠. 그리고 점차 인간에게 편리한 방식으로 자연환경을 바꾸기 시작했어요. 문명은 자연환경을 크게 변화시키면서 발달해 왔어요.

● 세계에서 가장 오래된 문명도 환경 때문에 쇠퇴했다고요?

세계 최고의 문명으로 알려진 티그리스·유프라테스 강 유역에서 번영한 수메르에서는 관개 농업을 하고 있었어요. 그러나 기후가 건조해 토양에 염분이 모여 결국은 관개용 수로를 사용하지 못하게 되었고, 이 영향으로 주요 수확물이던 보리의 수확량이 떨어져 문명은 쇠퇴하고 말았어요.
인도 서부의 인더스 문명은 인더스강의 범람을 이용해 제방을 만들고, 그곳에 물을 모아 농사를 지었어요.

수메르 문명 때의 지도

기원전 3000년 전부터 적설량(땅에 쌓인 눈의 양)이 늘어나 하천도 풍부해졌죠. 그러나 기원전 1800년 전에는 다시 급속하게 유수량(흐르는 물의 양)이 감소하는 바람에 농업에 지장을 주었고 그렇게 인더스 문명은 쇠퇴했어요.

> 기원전 시대부터 환경은 인간에게 큰 영향을 주었구나.

○ 옛날에도 대기 오염이 있었어요?

사람들은 에너지 이용 기술을 개발해, 석탄과 석유로 수증기 같은 새로운 동력을 만들어 냈어요. 그러자 급속히 산업이 발달하고 산업 혁명 시대가 찾아옴과 동시에 새로운 환경 문제인 스모그가 발생했어요. 겨울에 자주 발생하는 안개에 공장에서 나온 오염 물질이 섞여 사람의 호흡기로 들어가 목과 눈에 통증을 일으켰어요. 건강 문제를 호소하는 사람이 끊이지 않았고, 사망자도 많이 나왔죠. 1952년 런던에서는 대규모 스모그 피해가 일어났는데, 1만 명 이상이 사망했고 15만 명이나 되는 사람이 입원했어요. 이 사태를 계기로 '대기 정화법'이 제정되어 그을음을 많이 함유한 석탄과 공장의 매연 배출을 금지했어요.

> 대기 오염이 이렇게 무서운 거였다니.

산업 혁명

18~19세기의 영국에서 일어났던 기술 혁신을 뜻해요. 간단한 도구를 사용하던 공업에서 기계를 사용한 공업으로 바뀌면서 대량 생산이 가능하게 되었어요. 그 결과 자본주의가 발전했고 사회도 이에 맞게 변화했어요.

🟢 세계 최초의 환경 운동은 뭐예요?

공기 오염과 환경 악화가 문제되자 산업이 자연환경에 미치는 영향을 호소하는 사람들이 늘어났어요. 자연이 파괴되어 가는 가운데, 20세기 초에 철새 보호 운동이 국제적으로 일어났어요.

기후 변화는 야생 동물을 멸종 위기에 몰아넣었어요. 특히 적합한 환경을 찾아 이동하면서 생활하는 철새들에게 아주 심각한 문제가 되었거든요.

봄이 되면 아프리카 대륙에서 유럽으로 이동하는 철새인 '유럽 칼새'는 기후 변화 때문에 산란 시기를 놓쳐 개체 수가 줄어들고 있어요.

야생 동물의 움직임만 봐도 기후 변화의 상황을 알 수 있군.

🟢 국제 협력을 시작했어요

유럽과 미국을 중심으로 자연환경을 보호하려는 노력이 퍼져 나갔어요. 자연보호 구역을 만들고 국립 공원을 지정해 야생 동물의 생활권을 지키고자 했죠. 또 지구 온난화의 영향을 과학적으로 분석해 기후 변화 대책이 실제로 효과를 발휘하는지 아닌지를 평가하기 위해, 1988년에 '기후 변화에 관한 정부간 협의체(IPCC)'라는 조직이 설립되었어요.

IPCC가 온난화의 영향으로 멸종할 우려가 있다고 발표한 대나무는 자이언트 판다의 주식이에요.

● 세계 여러 국가가 협력하기 시작했어요

2015년 11월에 파리에서 열린 국제회의에서 세계 각국은 온실가스 감축 목표를 내걸었어요(파리 기후 변화 협약). 지구 온난화를 막기 위해 이산화 탄소 배출량을 0으로 만드는 것이 목적이었죠. 또 각 나라가 구체적으로 목표를 정해 2020년 이후의 지구 온난화 대책 계획을 결정했어요.

파리 기후 변화 협약은 1997년에 제정된 교토 의정서를 잇는 것으로, 2015년에 채택되었어요.

● 세계 전체의 목표를 결정해요

2015년 9월, 유엔 총회는 2030년까지 달성해야 할 세계의 모습과 목표를 정했는데 이를 SDGs(Sustainable Development Goals), 즉 '지속 가능한 발전 목표'라고 불러요. 기후 변화 대책을 포함한 17개의 목표와 169개의 세부 항목으로 이루어져 있어요.

SDGs에 대한 자세한 설명은 188쪽을 봐 줘.

지구는 처음에 어떻게 생긴 걸까?

46억 년 전, 우주 공간에 있던 입자에서 생겨났어요

138억 년 전, 우주에는 가스 덩어리에서 생긴 작은 입자들만 떠돌아 다녔어요. 이 입자들이 모여서 작은 덩어리가 되었는데, 이를 미행성이라고 불러요. 미행성끼리 충돌을 반복해 점점 크기가 커지면서 지구 같은 큰 행성이 탄생했어요.

● 지구는 입자 덩어리?

빅뱅
✦ 태양의 탄생 ✦

138억 년 전, 우주에 있는 것은 모두 한곳에 모여 있었어요. 그런데 '빅뱅'이라는 큰 폭발이 일어나 모든 것이 산산조각 나서 흩날렸어요. 이때 흩날렸던 입자가 소용돌이를 만들고 소용돌이 중심에 모인 것은 온도가 높아져 태양이 되었어요.

폭발적 항성 생성
✦ 행성의 탄생 ✦

빙빙 도는 소용돌이 속에서 입자들이 점점 모여 미행성 덩어리가 되었어요. 미행성들은 서로 끌어당기며 충돌하는 일을 반복했는데 이를 '폭발적 항성 생성'이라고 불러요. 그렇게 미행성들이 들러붙어 큰 덩어리가 되어 우리가 사는 지구 같은 큰 행성이 탄생했어요.

● 지구 대륙은 어떻게 생겨났을까요?

지구는 맨 처음에 뜨거운 마그마로 덮여 있었어요. 바다가 생기면서 지구 표면 대부분이 바다로 이루어지게 되었고요. 해저는 두께가 얇은 바위 층의 지각으로 덮여 있었고, 그 아래에는 맨틀이라고 하는 뜨거운 덩어리 층이 있었어요. 수억 년 후, 지구의 맨 가운데에 '중심핵'이라고 불리는 한층 더 뜨거운 부분이 생겼는데, 이것이 맨틀을 따뜻하게 했어요. 따뜻해진 맨틀은 가벼워져 떠오르기 시작했고 해저에서 식어 판(암반)이 돼요. 이 판끼리 충돌해 화강암이라는 가벼운 바위 섬이 생겨났어요. 이들 섬이 부딪치고 모여서 대륙이 생겼답니다.

> 지구 내부에 대한 설명은 24쪽에 있어.

◉ 지구 내부는 어떻게 되어 있어요?

지구의 내부는 안쪽에서부터 핵, 맨틀, 지각 순서로 층을 이루고 있어요. 각각의 구조를 살펴볼게요.

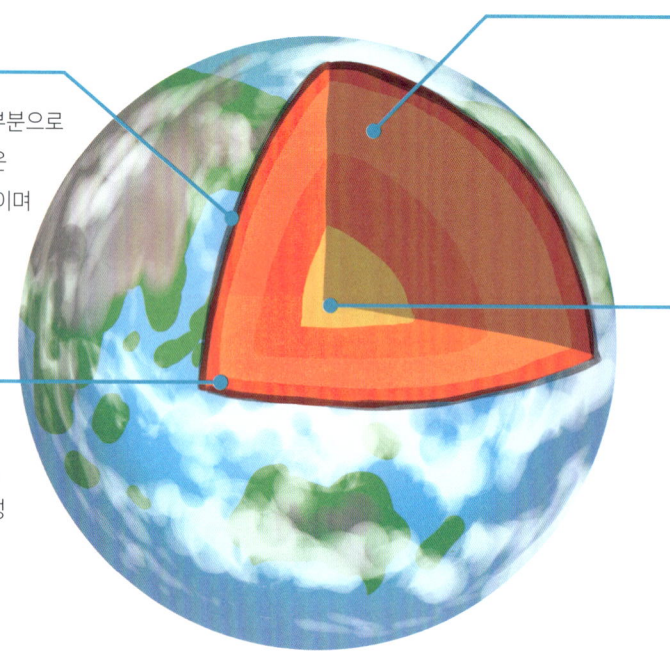

지각
지구 표면을 차지하는 5~60km의 두께 부분으로 바위로 이루어졌어요. 대륙 부분의 지각은 상부가 화강암 질암, 하부가 현무암 질암이며 해양 지각은 전부 현무암 질암으로 이루어집니다.

판
지각과 맨틀의 최상부를 포함한 부분을 가리킵니다. 주요 성분은 암석으로 고체예요. 판은 수십 겹의 층으로 나누어져 있고, 유동성(액체와 같이 흘러 움직이는 성질)이 있어요.

◉ 판이 움직인다고요?

큰 지진은 지하에 있는 판이 어긋나서 발생해요. 어째서 판이 움직이고 있을까요? 그것은 지구의 겉 부분은 여러 개의 판으로 이루어지며, 이들의 상대적 움직임에 따라 여러 가지 지질 현상이 일어난다고 여기는 '판 구조론'을 근거로 해요. 판은 지구 안쪽에서 대류(액체나 기체에서 물질이 이동하면서 열이 전달되는 현상)하고 있는 맨틀의 위에 올라가 있어요. 이 맨틀의 흐름에 밀려 판은 조금씩 움직여요. 이 판끼리 서로 부딪혀 일어나는 것이 지진이에요.

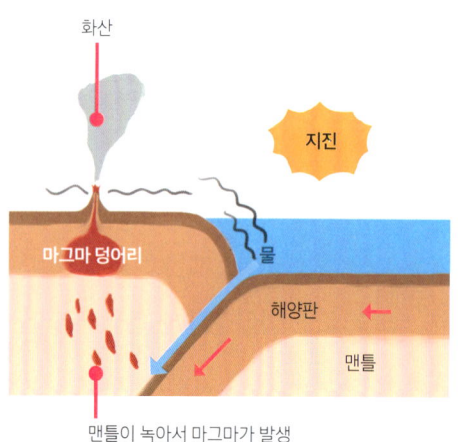

맨틀

맨틀은 주로 암석으로 이루어져 있어요. 원래 뜨거운 물질의 덩어리였던 지구가 표면에서부터 식어 무게에 의해 가라앉거나 뜨거나 하며 층이 나뉘게 되었어요. 무거운 철이 중심에 남아 핵이 되고, 그 주위를 암석 층이 덮은 것이 맨틀이에요. 맨틀은 열이 지표로 전해지는 걸 막아 줘요.

핵(코어)

핵의 주요 성분은 철이에요. 핵의 크기는 반경 약 3,470km로 내핵 부분의 온도는 약 5,000℃~6,000℃로 알려져 있어요.

◯ 지구를 유지하는 하위 구조

지구를 구성하는 요소는 크게 다섯 가지예요.

① 기권

지구에서 만유인력으로 유지되는 대기의 층 부분을 말해요. 우주와의 경계는 고도 100Km 부근이며 온도에 따라 대류권, 성층권, 중간권, 열권으로 나뉩니다.

② 자기권

지구에는 큰 자력이 있기 때문에 지구 주변에는 지구 자장이 만들어집니다. 태양으로부터 바람(태양풍)이 지구에 세차게 불면 지구 자장의 압력과 태양풍의 흐름에 따라 생긴 압력이 균형 잡힌 형태로 경계가 만들어집니다.

③ 수권

바닷물과 육지에 있는 물(호수, 하천, 지하수 등)로 이루어져 있어요. 수권 안에서 물은 온도에 따라 고체, 액체, 기체로 변화하면서 지구 표면을 순환하죠. 지표 면적의 약 70%가 바다일 정도로 지구에는 물이 풍부해요.

④ 지권

지구상의 고체 부분을 말해요. 지층은 핵(내핵·외핵), 맨틀, 지각으로 이루어져 있어요.

⑤ 생물권

생물이 존재하는 영역 전체를 말해요. 생물권에서 생물이 살아가려면 물과 광합성에 필요한 자외선, 광합성 산물의 순환 같은 것이 필요해요.

지구의 변화를 알려면?

여러 가지 기술을 이용해 데이터를 모아요

환경을 공부하려면 지구에 관한 정보를 올바르게 아는 것이 중요해요. 그러려면 꾸준히 지구와 우주의 상태를 관찰해야 합니다. 그 방법에는 지진파를 이용해 관측하는 지진파 토모그래피, 인공위성과 항공기에 설치한 관측 기기를 이용하는 리모트 센싱 등이 있어요.

● 배·항공기·위성도 이용해요

인공위성이나 항공기, 배 등에 탑재한 관측 기기를 이용해 떨어진 위치에서 지구 표면을 관측하는 기술을 '리모트 센싱'이라고 해요. 관측 대상에 따라 마이크로파와 빛, 레이더 등 파장에 맞는 센서를 이용해요. 활화산 분화, 지진, 해수면 온도, 빙하의 움직임, 구름 형태까지 관찰할 수 있어요. 리모트 센싱 기술을 응용해 농림·목축업의 토지 이용 상황, 지질·수자원의 변화, 인간이 환경에 미치는 영향 등을 조사해요.

- 600~700km / 인공위성 화상
  - 광범위한 정보를 얻을 수 있어요
  - 대규모 화재를 조사할 때 활용해요
- 600~3,000m / 항공 사진
  - 고해상도 사진을 찍을 수 있어요
  - 행정 지도를 만들거나 피해를 조사할 때 활용해요
- 300~1,500m / 항공 레이저 관측
  - 지표면의 높이를 관측할 수 있어요
  - 지형도를 작성할 때 활용해요
- 0m / 지상 관측
  - 차량에 탑재된 센서를 이용해 계측해요
  - 도로 시설의 유지 관리에 활용해요
- 0~수심 200m / 수중 관측
  - 선박에서 레이더 관측을 할 수 있어요
  - 지진이나 해일을 시뮬레이션할 때 활용해요

지구에는 몇 명이 살 수 있을까?

이대로 인구가 늘어나면 환경이 안 좋아져요

인구가 늘어나면 여러 가지 이유로 환경에 나쁜 영향을 줄 수밖에 없어요. 살 장소를 확보하기 위해서 주택을 짓고, 보다 편리하게 살기 위해 도시화를 진행하죠. 또 생활하면서 많은 쓰레기를 발생시키고 생활 배수도 배출해요. 차를 타면 배기가스가 발생하고요. 이처럼 인구가 많아질수록 점점 더 환경은 오염돼요.

○ 인구는 계속 늘고 있어요

인류가 생긴 이후로 세계 인구는 완만하게 늘었어요. 농경과 목축이 시작되어 먹거리 확보가 쉬워지고, 산업과 공업이 발달하면서 사람이 살기 쉬운 환경이 갖춰졌기 때문이에요.

인구는 19세기 말부터 21세기에 걸쳐 급속히 늘어났는데 이 시기를 '인구 폭발'이라고 불러요. 산업 혁명을 계기로 인구가 급격하게 늘어났어요. 공업이 발전하고 무역을 통해 다른 지역의 먹거리를 주고받게 된 점, 의료가 발달해 사망률이 떨어진 점, 농업용 기계와 화학 비료·농약으로 곡물 생산력이 증가된 점 등 다양한 이유로 생활이 풍족해졌기 때문에 인구가 늘어났다고 볼 수 있겠죠?

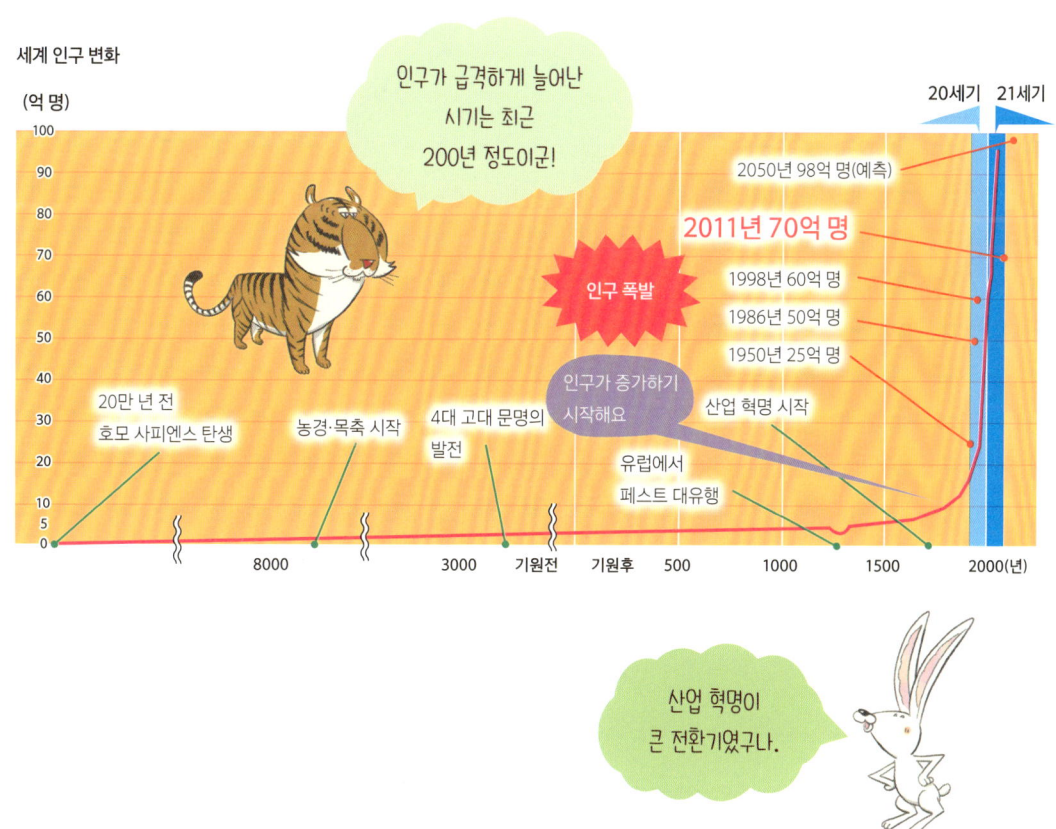

◉ 인구 증가의 원인

사람들은 생활 환경을 더 편하게 만들려고 다양한 방법을 연구했어요. 그 결과, 영양 상태가 좋아지면서 병에 잘 걸리지 않고 수명도 늘어났어요. 그래서 세계 인구는 지금까지 계속 증가하고 있어요.

❶ 공업 생산의 증대

영국에서 시작된 산업 혁명으로 공장에서는 기계를 사용해 대량으로 물건을 생산했어요. 그리고 세계 무역이 활발해져 다른 지역과 먹거리를 교환하기 시작했죠. 먹거리 확보로 생명이 연장되면서 인구가 늘어나게 되었어요.

❷ 의료 발달

선진국을 중심으로 의료 기술은 눈부시게 발전했어요. 병에 걸려도 완치할 수 있는 확률이 높아지고 사망률은 낮아졌어요. 특히 병에 걸린 영유아의 사망 확률이 현저히 낮아졌는데 이 역시 인구 증가의 한 요인이 되었죠.

 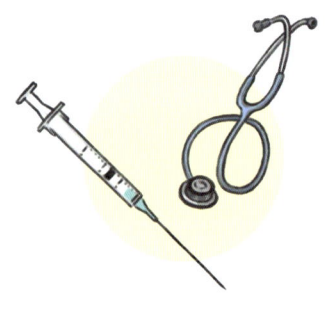

◉ 곡물 산출량 증가

1950년 이후에 사람들이 주식으로 먹는 벼와 보리, 콩 같은 곡물 수확량이 세 배로 늘었어요. 개발 도상국에서는 주로 밀과 쌀, 옥수수 등의 수확이 늘었고요. 화학 비료를 사용한 덕에 곡물 생산량이 늘어나면서 먹거리를 확보하게 된 점도 인구 증가의 원인 가운데 하나랍니다.

● 인구 증가에 따른 문제

인구 증가는 중국, 인도, 아프리카, 동남아시아 각국 등의 개발 도상국에서 주로 일어났어요. 인구가 늘어나면서 자연 환경 파괴, 자원과 에너지의 한계 같은 여러 가지 문제가 발생했어요.

인구가 늘어나는 건 좋은 일처럼 보이지만, 환경 입장에서는 좋지 않은 부분도 있구나.

대기 환경

가장 큰 문제는 온실가스가 미치는 영향이에요. 쓰레기를 태울 때 나오는 연기, 공장에서 나오는 매연, 차에서 나오는 배기가스 등 사람들이 생활 속에서 배출하는 온실가스는 환경에 큰 영향을 끼쳐요.

물 환경

지금도 개발 도상국에서는 인구 증가가 수질 오염의 큰 원인이에요. 예를 들면 인도에서는 하수 처리 설비가 갖추어진 도시가 적어 여전히 많은 지역에서 오염된 물을 생활수로 이용하는 상황이에요.

토양 환경

인구가 증가하면 쓰레기도 늘어납니다. 최후의 방법으로 쓰레기를 땅에 묻게 되면 토양이 오염될 수밖에 없습니다. 자원이 풍부한 토양에 유해한 물질이 흘러 들거나 염화되는 경우도 있어요.

지식 콕콕

질소에서 비료를 만든 독일의 과학자
하버와 보슈

인구가 늘어나면 필요한 식량의 양도 당연히 늘어나요. 농작물 양은 한계가 있기 때문에 인구 증가를 따라잡지 못해 식량을 확보하지 못하는 사람들은 굶어 죽고 말죠. 인간의 주식은 곡물이며, 식물에 가장 필요한 영양소는 질소와 인산, 칼륨이에요. 공기 중에는 질소가 많지만, 식물은 공기 중의 질소를 비료로 받아들일 능력이 없어요. 공기 중의 질소를 식물이 활용할 수 있는 질소 비료로 제조해 바꾸는 기술을 만든 사람들이 바로 독일의 과학자 하버와 보슈예요. 이 위대한 기술 덕분에 곡물 생산량이 늘어나 사람들은 더 이상 굶주리지 않게 되었답니다.

함께 생각해요

2억 5천만 년 후에 일본이 대륙의 일부가 된다고?

여러분은 매일 조금씩 지표면이 움직이고 있는 사실을 알고 있나요? 사실 우리가 사는 대지와 바다 밑은 1년에 수 cm의 속도로 천천히 움직이고 있어요. 지구에는 큰 대륙이 6개, 일본처럼 크고 작은 섬이 총 1만 5000개 정도 있으며, 그 아래에는 10겹의 큰 판이 있어요. 이것은 지구의 바다와 대지를 떠받치는 판과 같은 바위를 말해요.

1990년대에 캐나다의 폴 호프만 박사는 현재의 판이 그대로 계속 이동하면 장래에 북반구에 초대륙 아메이시아가 탄생할 것이라고 발표했어요. 초대륙 아메이시아란 유라시아, 아프리카, 호주, 북아메리카 대륙을 중심으로 하는 거대한 대륙이에요. 이 대륙에는 일본도 포함되어요.

아주 옛날에도 초거대 대륙이 있었어요. 우리가 지금 지도에서 보는 여러 대륙은 한 개의 초대륙이었어요. 이를 판게아라고 해요. 그 판게아가 판의 움직임에 따라 점점 나뉘어 아찔할 정도의 긴 시간에 걸쳐 지금과 같은 형태가 되었죠.

어쩌면 미래의 사람들은 현재 세계 지도에서 땅으로 연결되지 않은 다양한 장소를 걸어서 이동할지도 모르겠네요. 미래를 생각하니 무척 두근두근하지 않나요?

1장

지구의 문제를 알자

북극 얼음이 진짜로 녹고 있어? — 34

산림은 왜 필요할까? — 44

이상 기후가 늘고 있어! — 46

북극 얼음이 진짜로 녹고 있어?

북극의 흐르는 물을 타고 떠도는 북극곰

진짜예요

지구는 지금 온실가스의 영향으로 온난화가 진행되고 있어요. 세계 평균 기온은 100년 전과 비교해 0.74℃ 올랐으며, 세계의 평균 해수면은 100년 전과 비교해 17cm나 상승했어요. 이에 따라 남극 서부와 그린란드의 얼음과 빙하도 조금씩 녹아 내렸고요. 북극에서 얼음이 녹으면 북극곰이 살기 어려워져요. 지구 온난화가 '기후 변화'를 일으킨다고 생각할 수 있겠네요.

◯ 북극만이 아니라 한국도

세계의 평균 기온은 최근 들어 점점 오르고 있어요. 또 북극 얼음과 산악 빙하 등이 넓은 범위에 걸쳐 감소하거나, 평균 해수면이 상승하는 등 지구 전체가 온난화되고 있는 사실이 밝혀졌는데요. 한국의 평균 기온도 과거 100년 사이에 1.6℃ 올랐고 해수면은 30년간 3mm 상승했다고 해요.

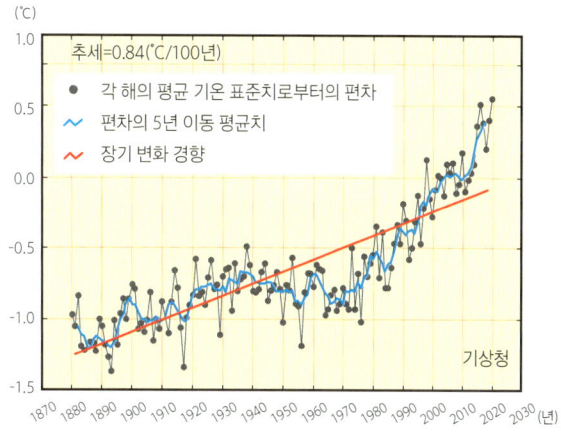

1990년대부터 기온이 많이 올랐네.

◯ 온난화는 생태계에 어떤 영향을 미쳐요?

온난화는 야생 동물에게도 다양한 영향을 끼쳐요. 북극 얼음이 녹으면, 해수 위에서 사냥하는 북극곰은 먹이인 바다표범을 잡기 어려워집니다. 또 바다거북은 알을 낳은 모래의 온도에 따라 암컷과 수컷이 정해지는데, 온도가 낮은 장소에서는 수컷이, 높은 장소에서는 암컷이 태어납니다. 그러나 기온이 상승하면 암컷만 태어나 성비 균형이 깨져 번식에도 영향을 주게 됩니다.

기온 문제가 동물들의 생존에 필요한 먹이에도 영향을 주다니!

생태계

다양한 생물과 그것을 둘러싼 환경이 서로 관련되어 하나의 시스템으로 움직이는 상태.

035

지구 온난화 시스템

인간은 생활 속에서 쓰레기를 태우거나 전기와 차를 사용해 이산화 탄소와 수증기 등의 온실가스를 발생시켰어요. 이 온실가스 때문에 지구는 태양열을 붙잡아 생물이 살아가는 데 적당한 기온을 유지했죠. 그러나 산업 혁명 이후, 인간은 대량의 연료를 사용하고 활동을 확대시켜 갔어요. 그 결과 대기 중 이산화 탄소 양이 급격히 늘어 온실가스가 점점 강력해지고 있어요.

약 200년 전 지구

태양광에 포함된 적외선은 지표에서 반사되는데, 온실가스가 일부 열을 가둡니다. 이 때문에 지구 표면은 인류가 살아가기에 알맞은 온도로 유지되었어요. 풍부한 산림이 이산화 탄소를 흡수하고 산소를 배출했던 약 200년 전에는, 이산화 탄소 농도가 지금보다 낮았으며 적외선 일부는 우주 공간으로 나가고 일부는 다시 지표로 돌아왔어요.

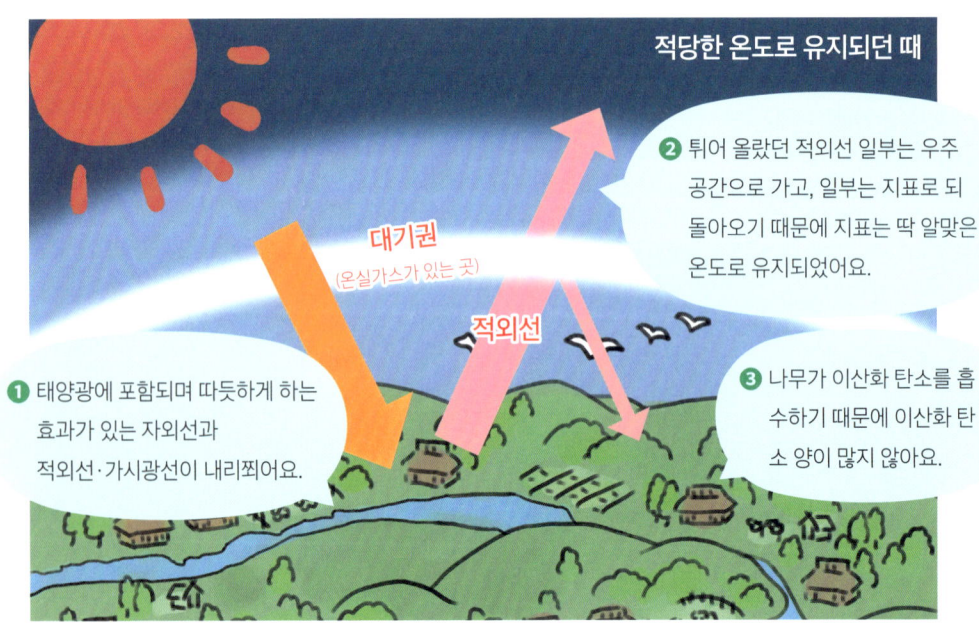

현재의 지구

도시화가 진행되면서 산림이 깎이고 빌딩과 공장이 늘어서기 시작했어요. 그러자 자동차의 배기, 연료, 공장 매연 등으로 이산화 탄소 농도는 계속 높아졌어요. 이산화 탄소를 흡수하는 식물도 줄었기 때문에, 온실가스가 지나치게 늘어나 지표를 덮었고요. 적외선은 지표에서 우주로 나가지 못해 대기로 돌아옵니다. 그 결과 공기가 너무 따뜻해져서 평균 기온이 오르게 되었답니다.

이산화 탄소는 열을 놓치지 않는 성질이 있구나!

평균 기온이 오르고 있는 현재

❶ 늘어난 온실가스가 지표를 덮어 우주로 나가지 못하는 적외선이 많아집니다.

대기권
(온실가스가 있는 곳)

적외선

❷ 산림이 줄어 이산화 탄소 흡수량이 줄어듭니다.

● 세계가 급격하게 바뀌고 있어요

지구 온난화로 세계 각국에서 이변이 일어나고 있어요. 이대로 기후 변화가 진행되면 우리 생활도 위험해져요.

한국의 길어진 여름
우리나라는 '사계절이 뚜렷하다'는 특징이 있습니다. 봄은 3월부터, 여름은 6월부터, 가을·겨울은 9월과 12월부터 각각 석 달씩 이어지죠. 하지만 지구 온난화로 기온이 상승하면서 여름이 점점 길어지고 있습니다. 1940년까지만 해도 한국의 여름은 평균 98일이었는데, 2011년 이후에는 127일로 늘어났습니다. 여름이 끝나는 시기도 9월 말로 점점 밀리고 있고요. 앞으로 50년 뒤에는 '한국은 사계절이 뚜렷하다'라는 말이 사라질지도 모르겠네요.

그린란드
그린란드는 85%가 얼음으로 덮인 섬입니다. 평균 기온 상승에 따라, 매년 얼음이 녹는 속도는 가속화되고 있어요. 섬의 빙하가 모두 녹으면 전 세계 해면이 약 7m 상승할 것으로 예측돼요.

이탈리아·수위 상승
운하에 둘러싸인 베네치아는 지구 온난화의 영향으로 해면 수위가 상승했어요. 2019년에는 대규모 해일 피해를 입어 침수되었어요. 지구 온난화가 진행되면 베네치아도 바다에 가라앉아 버려요.

몰디브
수많은 작은 섬으로 이루어진 몰디브는 해발이 낮은 국가예요. 큰 홍수 피해를 입어 섬이 침수했던 적도 있어요. 지구 온난화로 해면이 상승하면 국가 전체가 물속에 잠겨버릴지도 모를 위험에 처해 있어요.

코알라의 서식지 감소
호주에서는 산림 벌채와 지구 온난화에 따른 건조화 상태로 산림 화재가 발생해 야생 코알라의 서식지가 줄어들고 있어요. 또 유칼립투스는 이산화탄소가 많은 환경에서는 독소가 늘어나, 결국 코알라의 영양이 부족해지는 상황으로 이어져요.

물이 너무 많아도 너무 적어도 생명이 살아가는 데 지장을 주는군.

남극·황제펭귄 멸종 위기
해양 생태계가 무너지면서 황제펭귄의 주식인 크릴이라고 불리는 플랑크톤의 수가 크게 감소했어요. 먹이가 줄어든 황제펭귄은 지금 멸종 위기에 처했어요.

자연재해 때문에 피해를 입는 건 사람도 동물도 마찬가지야.

북극

북극의 기온은 50년 동안 약 3~4℃나 상승했어요. 이 영향으로 바다 위 얼음이 줄어들어 얼음 위에 사는 북극곰과 바다표범 등 해양 생물의 생태계가 무너지고 있어요.

일본(오키나와)·산호의 백화현상

이시가키섬과 이리오모테섬 사이에 있는 일본 최대의 산호초에서 산호의 90%가 백화(산호가 하얗게 변하면서 죽는 현상) 또는 죽고 있다는 조사 결과가 있어요. 이는 지구 온난화에 따른 해수면 상승 때문으로, 산호가 스트레스를 받기 때문이에요.

아시아·오세아니아의 가뭄

이상 기후로 오랫동안 강수가 없는 지역은 가뭄 상태가 지속되어 토양이 건조해져 농작물에 피해가 나타나요. 아시아와 오세아니아에서는 가뭄 피해가 확산되고 있어서 쌀과 밀의 생산량이 감소하고 있어요.

투발루·해수의 증가

투발루는 오세아니아에 있으며 해발이 매우 낮은 나라예요. 그런데 기후 변화 탓에 해수가 증가해 육지로 흘러들었어요. 우물 물이 해수가 되거나 작물이 자라지 않는 등 사람이 살 수 없는 환경으로 바뀌고 있어요.

아마존

아마존 열대 우림은 대기 중의 이산화 탄소를 흡수해요. 그러나 최근 연구 결과에 따르면 산림 벌채와 건조화로 면적이 감소해 결국 이산화 탄소 배출량이 흡수량을 웃돌았다고 해요.

호주

호주에서는 산림 벌채에 대한 기준이 낮아서 손쉽게 산림을 벌채할 수 있대요. 벌채된 목재의 약 90%는 제지용 나무 조각으로 가공되어 여러 나라에 수출돼요. 채벌된 산림은 유칼립투스 밭으로 모습을 바꿉니다.

1장 ● 지구의 문제를 알자

◯ 지구 변화를 살펴봅시다

지구 온난화는 이상 기후와 오존층 파괴 외에도 다양한 영향을 미치고 있어요.

❶ 오존층 파괴
지표 상공에는 유해한 자외선으로부터 지구를 지켜주는 오존층이 있어요. 그런데 온실가스 중 프레온 양이 증가하면서 오존층이 파괴되고 있어요.

❷ 이상 기후
세계 평균 기온이 올라가면서 기후 변화가 일어나고 있어요. 비가 내리는 패턴이 바뀌어 호우, 거대해진 태풍, 사막화와 가뭄, 허리케인 같은 이상 현상이 자주 발생해요.

❸ 메탄가스 때문에 온난화?
소는 네 개의 위가 있어서 섭취한 먹이를 소화하는 데 시간이 걸립니다. 이때 발생하는 메탄가스는 소가 트림을 하면 함께 공기 중으로 나오는데요. 메탄가스는 이산화 탄소의 20~30배나 되는 온실 효과가 있어요.

광화학 스모그 때문에 눈이 따끔따끔해!

❹ 광화학 스모그
공기 중의 질소산화물과 이산화 탄소는 자외선과 화학 반응을 일으켜 광화학 옥시던트가 돼요. 공기 중에 떠다니는 이것을 광화학 스모그라고 합니다. 광화학 스모그에는 유해 물질이 있어 건강에 좋지 않아요.

❺ 눈이 녹기 시작하면

지구 온난화의 영향으로 기온이 상승하면 남극과 북극의 얼음이 녹기 시작해요. 그러면 동물 서식지가 사라지거나, 해면이 상승해 섬 자체가 없어져 버릴지도 몰라요.

❻ 감염증의 확산

기온이 상승하면 열사병 환자기 늘어나요. 또 말라리아와 뎅기열 같이 따뜻한 지역에서 모기를 매개로 해 유행하던 감염증이 다른 지역으로까지 확산되어요.

> 눈이 녹으면 먹이를 잡지 못하기 때문에 어려움을 겪게 되지.

❼ 생물 멸종

생물마다 살기 좋은 환경과 기온, 수온은 모두 달라요. 하지만 지구 온난화로 환경이 크게 변화하면 지금까지 살았던 장소에서 더 이상 살 수 없게 되는 생물도 나타납니다. 최대 약 30%의 종이 멸종에 내몰리고 있어요.

> 감염증까지 퍼지는 거야?

광화학 옥시던트

자동차에서 배출되는 질소 산화물이 태양에서 나오는 자외선과 화학 반응을 일으켜 나오는 물질.

해발

가까운 해수면을 기준으로(0m로 두고) 높이를 잰 것.

> 뜻풀이

● 세계의 대책

기후 변화를 막기 위해 전 세계의 각국 대표가 정기적으로 모여서 회의를 하며 대책을 마련하고 있어요.

교토 의정서

1997년에 세계 각국의 대표가 교토에 모여 국제회의를 했어요. 이때 채택한 것이 '교토 의정서'라는 국제 조약이에요. 이 회의에 참가한 192개 선진국이 '2008~2012년 사이에 1990년보다 온실가스를 약 5% 감축하기'로 약속한 조약이에요. 지구 온난화 문제에 국제적으로 협력하게 된 중요한 계기가 되었어요.

파리 기후 변화 협약

2015년 파리에서 기후 변화 문제를 다루는 회의에서 결정한 국제적 약속이에요. 이때 세계 공통의 목표를 세웠어요. 평균 기온 상승을 억제할 것, 온실가스 배출량을 줄이고 산림 등에 의한 흡수량과의 균형을 맞출 것 등을 발표했어요.

COP25

2022년에 제27차 유엔 기후 변화 협약 당사국 총회(COP25)가 열렸어요. 기후 기금 설립 합의, 지구 온도 상한선 1.5°C 등을 재확인했어요.

전 세계가 많은 노력을 하고 있구나!

○ SDGs(목표 13)

SDGs의 목표 13은 '기후 변화에 구체적 대책을'이에요. 기후 변화를 막고 점점 세계 각지에서 일어나는 피해를 줄이기 위한 목표예요. 기온이 더 이상 올라가지 않도록, '파리 기후 변화 협약'에서 정한 장기 목표가 '세계 평균 기온 상승을 산업 혁명(1780년) 전과 비교해 2℃ 아래로 억제해 1.5℃ 이하로 제한한다'이죠. 현재 전 세계에서 대책과 계발, 교육 등을 진행하고 있어요.

○ 이산화 탄소를 줄일 수 있을까요?

기후 변화 대책에서 가장 중요한 건 이산화 탄소를 배출하지 않는 것이에요. 그러려면 전기를 낭비하지 않고, 재생 에너지를 사용하거나, 전기 자동차를 사용하는 등 생활 속에서 이산화 탄소를 줄이려는 노력과 방법이 필요해요.

전 세계가 의식을 바꾸는 것도 중요하지만, 한 사람 한 사람이 작은 것부터 실천하는 게 중요해.

세계를 향해 기후 변화 문제를 호소한
그레타 툰베리

환경 활동가 그레타 툰베리(당시 17살·고등학생)가 2019년에 유엔 기후 행동 정상 회의에서 한 연설이 세계적으로 화제가 되었어요. 그녀는 약 4분 동안 지구의 기후 변화 문제를 울면서 호소하고, 기후 변화를 막기 위한 대책의 중요성을 주장했어요. 그해 12월에는 제25차 유엔 기후 변화 협약 당사국 총회(COP25)에 참가하기 위해 미국에서 스페인으로 건너갔고요. 이동할 때는 연료를 대량 소비하는 비행기를 이용하지 않고, 20일간에 걸쳐 요트로 대서양을 횡단했어요.

산림은 왜 필요할까?

인간이 지구에서 살아갈 수 있는 건 산림 덕분이에요

산림은 태양광 에너지를 이용해 지구 온난화의 원인이 되는 이산화 탄소를 영양분으로 흡수하고, 탄소를 배출해요. 빗물을 나무들이 빨아올려 그 습기를 보존함으로써 숲과 강, 바다에 사는 생물이 보호를 받을 수 있답니다. 그뿐만 아니라 목재로 사용할 수 있는 자원을 키우고, 홍수나 산사태 같은 여러 가지 재해를 막아주기도 하죠. 산림은 우리가 살아가는 지구 환경의 균형을 유지하는 데 꼭 필요해요.

● 왜 산림이 줄어드나요?

세계 각국에서는 급속하게 산림이 파괴되고 있어요. 인구가 늘어나면서 사람들이 살 곳과 농지를 확보하고, 재료로 쓸 나무와 산림을 벌채했기 때문이에요. 전 세계적으로 최근 25년간 벌채된 산림 면적은 한국의 10배 정도나 된다고 해요. 한국은 산림 면적이 국토의 62% 정도로 OECD 국가 중에서도 꽤 넓은 편이지만, 무분별하게 벌채할 경우 점점 줄어들 수밖에 없어요.

세계에서 산림 면적 감소가 큰 10개국

국가	면적(헥타르)
브라질	-2642
호주	-562
인도네시아	-496
나이지리아	-410
탄자니아	-403
콩고	-327
짐바브웨	-311
미얀마	-310
볼리비아	-290
베네수엘라	-288

● 산림의 역할

산림은 여러 가지 생물이 사는 곳이에요. 여름에는 울창한 숲이 강렬한 태양으로부터 생물을 보호해요. 겨울에는 뿌리와 줄기의 따뜻한 공기를 유지시켜 추위를 누그러뜨리죠. 산림의 작은 식물과 땅에 섞인 미생물도 항상 호흡을 하고 있는데, 공기를 마시거나 내뿜어서 지구 전체의 기온을 조절하는 힘이 있어요. 또 풀과 나무가 지면을 덮어 그 뿌리가 땅을 누르기 때문에 산사태와 홍수 같은 자연재해를 막거나 강한 바람을 차단해 폭풍을 약화시켜요. 산림의 혜택을 받는 건 인간과 숲속 생물만이 아닙니다. 마른 잎들이 바다로 흘러 나가 바다 생물이 먹는 플랑크톤을 늘리기도 해요.

산림은 생물을 지켜주는 믿음직한 존재군.

이상 기후가 늘고 있어!

가뭄 때문에 마른 대지에서 먹이를 찾아 이동하는 아프리카 코끼리

지구 온난화 때문이라고요?

최근 여름에는 최고 기온이 35℃를 넘는 폭염이 당연시되고 있어요. 또 오랫동안 비가 내리지 않아 가뭄 같은 이상 기후 관측이 매년 늘고 있어요. 그 이유를 하나로 규정할 수는 없지만, 지구 온난화도 그중 한 원인이에요.

◯ 이상 기후

평년보다 덥거나 춥거나 비가 많이 내리거나 가뭄이 계속되는 등 평소와 크게 다른 기후를 말해요. 한 달의 평균 기온과 강수량이 지금까지 대략 30년 동안 한 번도 관측되지 않았을 정도로 평균치에서 벗어나면 '이상 기후'라고 정의해요.

최근에는 이상 기후가 빈번하게 발생하는데, 지구 온난화 때문으로 추측해요. 태평양 동쪽에서 해면 수온이 높아지는 상태가 1년 정도 계속되는 엘니뇨(스페인어로 '남자아이'란 뜻) 현상이 증가하거나, 그 후에 해면 수온이 평균보다 낮은 상태가 이어지는 라니냐(스페인어로 '여자아이'란 뜻) 현상이 일어나는 등 큰 피해로 이어질 위험이 있어요.

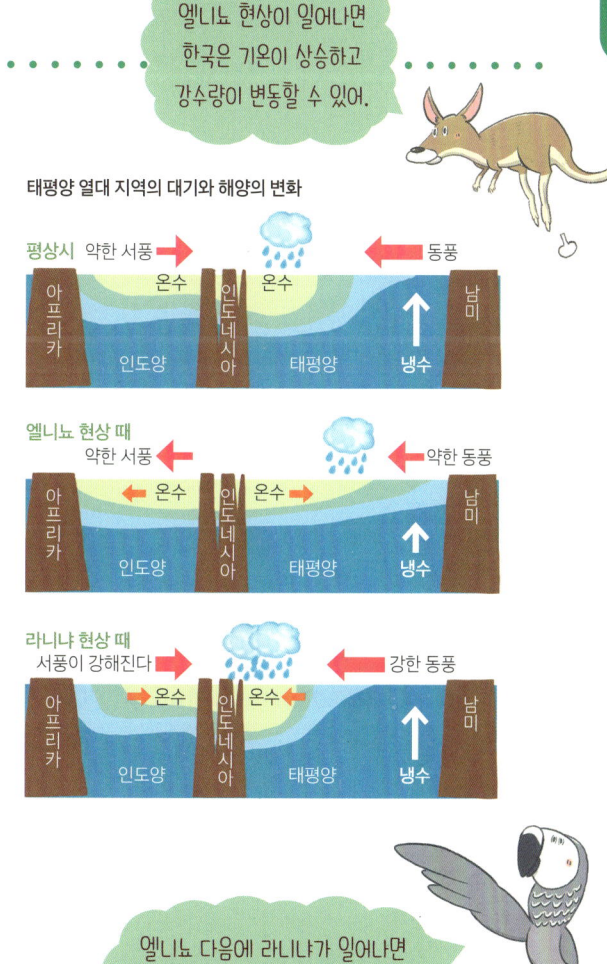

> 엘니뇨 현상이 일어나면 한국은 기온이 상승하고 강수량이 변동할 수 있어.

해면 수온이 올라가서 발생하는 엘니뇨 현상

태평양 동쪽의 적도 부근 해면 온도가 반년에서 1년 정도 높은 상태가 계속되는 현상. 동쪽에서 부는 무역풍이 평년보다 약해져 따뜻한 바람이 그곳에 머물러 해면 온도가 올라갑니다.

해면 수온이 내려가서 발생하는 라니냐 현상

같은 해역에서 해수 온도가 낮은 상태로 계속되는 현상. 동쪽에서 부는 무역풍이 강해져 따뜻한 해수를 서쪽으로 옮기기 때문에, 동쪽에서는 차가운 물이 바다 밑에서 솟아납니다. 그러면 해면의 수온이 동쪽은 낮고 서쪽이 높아져 인도네시아 해상 근해에 적란운(소나기 구름)이 발생하고 그곳에 큰 비가 내립니다.

> 엘니뇨 다음에 라니냐가 일어나면 적도 부근에서는 가뭄이 발생해.

● 세계에서 일어나는 이상 기후가 이렇게나 많아요!

가뭄
햇볕이 계속해서 내리쬐어 물이 부족해지는 것을 뜻해요. 토양이 건조해 농작물이 자라지 않거나 산불이 나요. 사막처럼 변해 버리는 경우도 있어요.

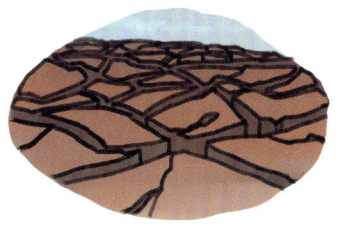

태풍
북서태평양 또는 남중국해에서 발생하는 열대 저기압으로, 최대 풍속이 약 17.2m/s까지 발달해요.

허리케인
북대서양과 북태평양 동부에서 발생하는 열대 저기압으로, 사이클론이나 태풍과 성질은 같아요. 폭풍우를 동반해 가옥과 농작물에 큰 피해를 줍니다.

사이클론
주로 인도양의 북부·남부, 태평양 남부에서 발생하는 아열대 저기압을 말해요. 폭풍우와 해일이 발생해 집이 무너지거나 농작물이 자라지 못해요.

집중 호우
특정 시간 안에 많은 비가 내리는 현상을 뜻해요. 산사태 같은 재해가 일어날 가능성이 있을 때는 호우 주의보와 호우 경보가 발령돼요.

한파

매우 차가운 공기가 넓은 범위로 흘러나가 어떤 지역에서 기온이 급격히 내려가는 것을 뜻해요. 추운 지역의 한기(추운 기운) 덩어리가 파도처럼 밀려온다고 해서 한파라고 불립니다.

냉하

평년에 비해서 기온이 낮은 여름을 말해요. 냉하가 되면 농작물 생산이 잘 되지 않아 수확량이 줄어 가격이 급등해요.

열파

넓은 범위에서 4~5일 또는 그 이상에 걸쳐 고온 상태가 계속되는 것을 열파라고 해요. 농작물이 자라지 않게 되거나 산림 화재가 발생할 수 있어요.

회오리

적란운 아래 지상부터 구름을 향해 길고 가늘게 뻗어 매우 빠른 속도로 소용돌이치는 상승기류를 가리키며, 돌풍 종류 중 하나예요. 한국에서도 태풍과 함께 격렬한 바람이 불어 큰 피해가 발생하는 일이 종종 있어요.

폭염

최고 기온이 35°C 이상인 날을 폭염이라고 해요. 한국에서도 폭염 일수가 늘어났는데, 특히 2024년 6월은 평균 폭염 일수가 2.8일로 1973년 이후 52년 만에 가장 더웠다고 해요. 폭염 때는 열사병 환자가 증가할 수 있어 주의가 필요해요.

폭염과 집중 호우가 발생하면 농작물도 피해를 입는다구~

1장 ● 지구의 문제를 알자

함께 생각해요

이산화 탄소를 모아서 묻는다고?

지구 온난화의 원인 중 하나인 이산화 탄소를 모아서 묻는 기술이 주목을 받고 있어요. '이산화 탄소 포집 기술(Carbon dioxide Capture and Storage, CCS)'이라고 하는데, 이산화 탄소를 회수해서 축적하는 기술을 말해요. 화학 공장과 발전소에서 배출한 이산화 탄소를 다른 기체에서 분리한 후 모아서 땅속 깊은 곳에 묻어요.

이산화 탄소를 모아두는 저류조는 모래가 눌러서 단단해진 화석으로 이루어져 있어요. 이 모래알 사이에 소금물로 채워진 틈이 있는데 이곳에 이산화 탄소를 넣어요. 상부는 이산화 탄소가 통하지 않게 뚜껑으로 덮여 있기 때문에, 오랜 기간 안정적으로 모을 수 있고, 장시간이 흐르면 암석의 틈까지 광물이 된다고 해요.

일본에서는 2012년부터 홋카이도의 도마코마이에서 이 기술을 검증하는 실험을 하고 있어요. 앞으로 실용화가 되길 기대하고 있답니다.

2장

쓰레기를 줄이고 재활용하자

마트의 비닐봉지가 유료로 바뀐 까닭은? — 52

물고기가 플라스틱을 먹는다고? — 58

해안 쓰레기는 어디로 가? — 62

점점 늘어나는 쓰레기 문제 — 64

아직 사용할 수 있는 쓰레기도 있다고? — 70

먹다 남긴 급식은 어디로 가는 걸까? — 76

물건을 버리는 것은 아까워! — 80

마트의 비닐봉지가 유료로 바뀐 까닭은?

플라스틱으로 발생하는 환경 오염을 줄이기 위해서예요

우리 주변은 비닐봉지, 페트병, 포장 용기 그리고 최근에는 일회용 마스크 같은 플라스틱 제품으로 넘쳐나고 있어요. 플라스틱은 미생물로 분해되기 어렵기 때문에 자연으로 돌아가는 게 불가능해요. 게다가 낮은 온도에서 태우면 유해 물질이 나오기까지 하죠. 그래서 플라스틱 쓰레기를 조금이라도 줄이려고 쇼핑 비닐봉지를 유료화했어요.

◉ 플라스틱 쓰레기는 이렇게나 많아요

'쇼핑 비닐봉지 유료화'의 가장 큰 목적은 플라스틱 쓰레기를 줄이는 거예요. 일회용 비닐봉지는 편리하다는 이유로 사용량이 계속 증가했어요. 한국도 예외는 아니에요. 환경부와 자원 순환 사회 연대에 따르면 지난 2003년 125억 장이던 국내 비닐봉지 사용량은 2008년 147억 장, 2013년

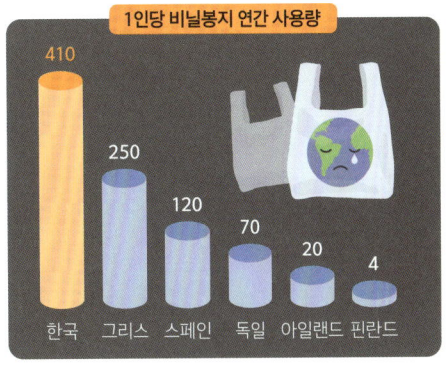

1인당 비닐봉지 연간 사용량
410 한국 / 250 그리스 / 120 스페인 / 70 독일 / 20 아일랜드 / 4 핀란드

188억 장으로 증가했다고 해요. 예산 문제로 2013년 이후 사용량 조사를 중단했지만, 전문가들은 이후 소비량 증가를 감안할 때 한 해 190억 장 정도를 사용하는 것으로 추산하고 있어요. 우리나라 국민 1인당 사용량은 한 해 400장을 웃돈다고 해요. 세계 다른 나라보다 높은 수치죠. 그래서 우리나라도 2019년부터 비닐봉지를 유상 판매하기 시작했습니다.

◉ 플라스틱 쓰레기는 어떤 점이 나빠요?

가볍고 편리한 플라스틱은 일회용이 많기 때문에 쓰레기로 쉽게 버려집니다. 플라스틱은 바다와 강에 흘러들어 해수를 오염시키고 해양 생물의 생명을 빼앗기도 해요. 최근에는 바다거북의 배 안에서 비닐봉지가 발견되었어요. 또 바닷속 플라스틱은 인간이 바다로 흘려 보낸 농약과 기름 같은 오염 물질과 결합해요. 그것을 바다에 살고 있는 물고기가 먹고 그 물고기를 보다 큰 해양 생물이 먹어요. 플라스틱은 매우 강하기 때문에 분해되지 않고 몸 속에 계속 남아 있게 돼요.

플라스틱을 먹은 물고기를 인간이 먹을 수도 있대.

🟢 플라스틱 쓰레기는 왜 늘어났어요?

플라스틱은 가볍고 싸고 가공하기 쉬워요. 또 충격에 강하고 튼튼해서 용기와 봉지 등 다양한 물질의 재료로 널리 사용되죠. 산소와 수분이 통하기 어렵기 때문에 식품을 보관하기에도 편리하고요. 플라스틱 없는 생활은 상상하기 어려울 정도지요. 주변에 있는 플라스틱 제품을 찾아볼까요?

주변에 있는 플라스틱 제품

고농도 폴리에틸렌
견고하고 내열성이 뛰어나요.
- 마트, 편의점의 쇼핑 비닐봉지
- 폴리에틸렌으로 만든 양동이

PET 수지
투명하고 압력에 강하며 약품에도 강해요.
- 페트병
- 계란 보관 용기

저농도 폴리에틸렌
투명하며 가공하기 쉬워요.
- 우유 팩
- 랩
- 마요네즈 용기

염화비닐수지
약품에 강하고 잘 타지 않아요.
- 지우개
- 호스
- 수도관

폴리프로필렌
충격에 강하고, 약품에 대한 내구성도 뛰어나며 모양을 만들기 쉬워요.
- 식품 용기
- 자동차 부품
- 냉장고 같은 가전제품

폴리카보네이트
투명하고 가벼우며 충격에 강하고 전기 절연성이 뛰어나요.
- CD
- 휴대 전화
- 의료 기기
- PC 같은 사무기기

폴리아미드
산소가 통하기 어렵고, 구멍도 잘 나지 않으며 내열성이 강해요.
- 레토르트 식품의 포장
- 전자부품 커넥터
- 칫솔
- 스포츠 용품

플라스틱과 환경

플라스틱은 일회용이라는 이미지와 주변에서 쉽게 구할 수 있는 편리성 때문에 쓰레기를 대량으로 만들어 내요. 주요 원료는 석유 같은 화석 연료라서 땅에 묻어도 분해되지 않아 자연으로 돌아가지 않아요. 그럼에도 세계적으로 매립하는 플라스틱 쓰레기의 양이 늘어나고 있어요. 쓰레기는 폐기하지 않으면 안 되기 때문에 그 방법과 분량에 따라 여러 가지 환경 문제가 뒤따릅니다.

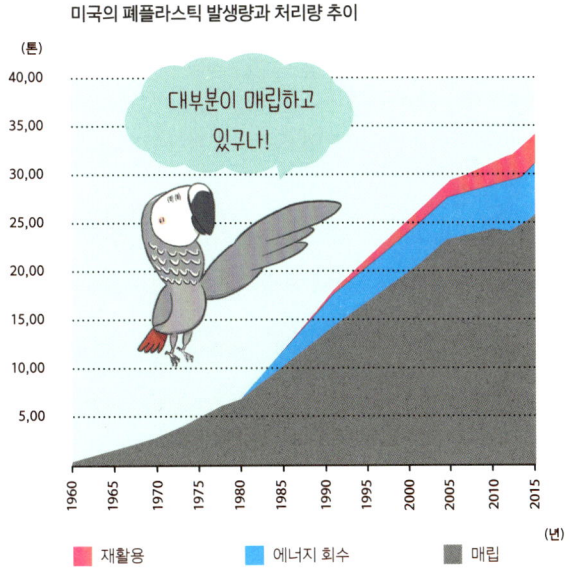

미국의 폐플라스틱 발생량과 처리량 추이

태우면 유해 물질이 발생해요

플라스틱에는 석유 물질이 있어 태우면 이산화 탄소가 발생해요. 이산화 탄소가 너무 늘어나면 지구 온난화의 원인이 돼요. 또 폴리염화비닐 같은 물질을 250~400°C의 저온에서 태우면 유해 물질인 다이옥신이 발생해요.

묻어도 자연으로 돌아가지 않아요

플라스틱 중에는 땅속에 사는 작은 미생물로도 분해할 수 없는 소재가 있어요. 땅에 묻어도 자연으로 돌아가지 않고, 플라스틱에 포함되어 있는 약품만이 땅에 녹아 들어 토양 오염으로 이어져요. 설령 땅속에서 분해되는 플라스틱이라 하더라도 비닐봉지 한 장이 분해되는 데 10년에서 30년, 플라스틱 컵은 50년, 페트병은 약 450년이나 걸린다고 해요.

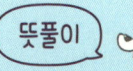

화석 연료

석유, 석탄, 천연가스 등을 말해요.

◯ 플라스틱을 대신할 소재는 없을까요?

매우 편리한 플라스틱. 그러나 지나치게 사용하면 지구 환경에 좋지 않다는 사실이 밝혀졌어요. 우리 주변에서 플라스틱을 대신할 만한 건 없을까요?

바이오 플라스틱 개발

석유를 이용하지 않고 사탕수수와 카사바, 옥수수와 콩 같은 여러 가지 곡물(바이오매스)을 원료로 해 만든 플라스틱이 바이오 플라스틱이에요. 석유 같은 지구의 한정된 자원을 많이 사용하지 않아도 만들 수 있고, 땅속과 바닷물에 사는 미생물에도 분해되기 쉬운 매우 친환경적인 플라스틱이죠. 환경에 친화적인 바이오 플라스틱은 세계 각국에서 개발이 진행되고 있어요. 그 밖에도 플라스틱 제품을 대신할 다양한 소재의 제품들이 화젯거리예요.

한천

\봉지/

한천은 우뭇가사리와 같은 해초로 만듭니다. 투명하고 쉽게 부서지지 않아 플라스틱과 꼭 닮았죠. 봉지와 쿠션재, 접시도 만들 수 있어요.

풀

\풀 빨대/

금방동사니과의 레피로니아라는 식물로 만든 빨대예요. 얼에도 강하기 때문에 따뜻한 음료도 마실 수 있어요. 식물 소재로 농약을 사용하지 않기 때문에 사용한 후에도 자연으로 돌아가 지구에 친환경적이에요.

종이

\파일/

종이인데도 투명해서 속이 보이는 클리어 파일. 얇은 한 장짜리 파일이지만, 전 세계의 사람들이 종이 파일을 사용한다면 플라스틱 사용량이 줄어들겠죠?

● 탈플라스틱을 향해 나아가는 세계

지속 가능한 발전 SDGs의 목표 11은 '계속해서 살 수 있는 주거지 만들기'예요. 이 목표 달성을 위해서는 쓰레기 문제를 피할 수 없어요. 또 목표 14인 '바다의 풍족함을 지키자'를 달성하려면 쓰레기를 반드시 줄여야 해요. 모두가 평등하고 안전한 환경에서 생활하고자 세계 각국에서 다양한 활동을 하고 있어요.

세계의 'NO 쇼핑 비닐봉지' 상황

2018년 세계 127개국 이상에서 플라스틱제인 쇼핑 비닐봉지를 유료화하거나 사용을 금지했어요. 아시아와 아프리카, 유럽 각국에서 쇼핑 비닐봉지 사용을 줄이려는 움직임이 일어나고 있어요.

전 세계에서 플라스틱을 줄이려고 노력하고 있어.

각국의 노력

케냐는 비닐봉지를 엄격히 단속하는 국가예요. 비닐봉지를 만들거나 판매, 사용할 경우 최고 4년간 감옥에 갇히거나 약 3,800만원에 달하는 큰 벌금을 내야 해요. 또 인도에서는 2022년까지 전 지역에서 일회용 플라스틱 사용을 금지한다고 발표했어요. 유럽 각국도 사용을 제한하고 벌금과 벌칙 등 다양한 규칙을 만들어 플라스틱 사용을 줄이고 있어요.
또 매년 7월 3일은 세계적으로 일회용 비닐봉지를 쓰지 않기로 정한 날이에요.

2008년 스페인 환경 단체가 만든 '세계 일회용 비닐봉지 없는 날'

물고기가 플라스틱을 먹는다고?

물고기가 플라스틱을 먹이로 착각해 삼켜 버리면... 물고기를 먹는 사람의 몸에도 들어가요

바다에 다다른 플라스틱은 작은 미세 플라스틱이 되어 물고기나 조개가 먹이와 함께 삼켜 버려요. 그리고 우리가 물고기와 조개를 먹으면 우리 몸에도 들어오게 되죠. 플라스틱은 유독한 화학 물질이 포함되어 있는 데다가, 바닷속 오염 물질이 달라붙기 쉬운 성질도 있어요. 조개와 물고기의 몸속에는 미세 플라스틱과 함께 이들 유해 물질과 오염 물질도 들어가게 되는 것이에요.

● 지름 5mm 이하의 미세 플라스틱

지름 5mm 이하의 작은 플라스틱 조각을 '미세 플라스틱'이라고 해요. 버려진 플라스틱이 강과 바다로 흘러가는 도중에 바위에 부딪히거나 파도를 맞으면서 작게 부서지는데, 이렇게 해서 생긴 조각이 미세 플라스틱이에요. 생활 속에서도 미세 플라스틱은 쉽게 찾을 수 있어요. 세안제와 치약, 화장품 등에 사용하는 마이크로 비즈라고 들어 봤나요? 세정 효과가 있는 이러한 제품들도 하수를 통해 바다로 흘러갑니다. 이들 플라스틱에 붙어 있는 유해 화학 물질이 어떤 영향을 미칠지 걱정스러워요.

● 미세 플라스틱은 다양한 곳에 있어요

❶ 플라스틱 쓰레기
플라스틱 쓰레기가 오래되거나 열과 자외선 그리고 파도의 영향으로 작게 부서진 것.

❷ 공업용 연마제
소재의 표면을 매끈하게 하려고 닦을 때 사용하는 것.

❸ 세안제와 화장품
세정 효과를 높이기 위해 포함된 마이크로 비즈. 미국과 영국에서는 제조를 금지하고 있어요.

❹ 합성 섬유의 세탁
폴리에스테르로 만든 옷은 입고만 있어도 아크릴 재질의 옷을 세탁할 때 방출되는 마이크로 화이바의 세 배나 되는 양을 흩뿌려요.

❺ 플라스틱 제품의 원료
플라스틱 제품의 원료인 수지 펠릿도 공장 하수에서 바다로 흐르고 있어요.

2장 ● 쓰레기를 줄이고 재활용하자

◯ 미세 플라스틱이 일으키는 문제

미세 플라스틱은 매우 작은 조각이기 때문에 페트병 같은 쓰레기와 달리 한 번 발생하면 회수하지 못해요. 이것들을 먹이로 착각해 조개와 물고기가 먹어 버려요. 대부분은 똥과 오줌과 함께 배출되지만, 미세 플라스틱에 붙어 있던 화학 물질과 유해 물질은 배출되지 않고 몸속에 남게 되죠. 먹이 사슬 과정에서 미세 플라스틱도 자연스럽게 섞여 들어, 조개와 물고기 등을 통해 우리 몸에도 화학 물질과 유해 물질이 들어오게 돼요.

미세 플라스틱이 사람에게 영향을 주기까지

❶ 해안이 쓰레기 산으로

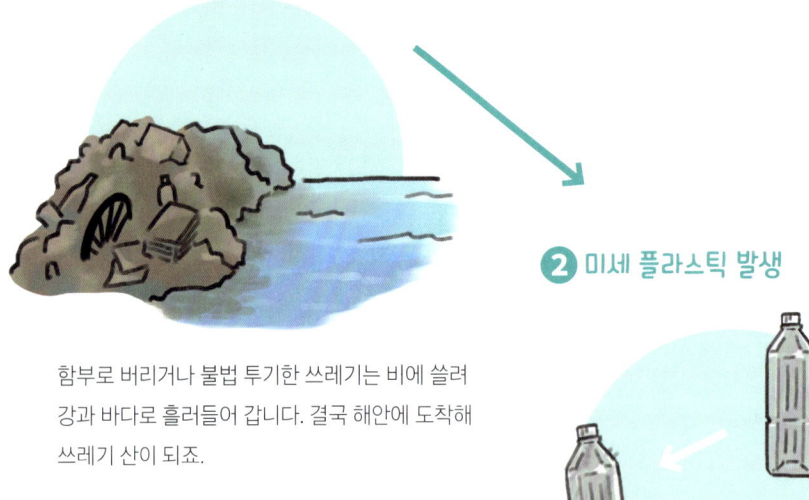

함부로 버리거나 불법 투기한 쓰레기는 비에 쓸려 강과 바다로 흘러들어 갑니다. 결국 해안에 도착해 쓰레기 산이 되죠.

❷ 미세 플라스틱 발생

열과 자외선을 쬐고 파도의 힘에 이리저리 밀리면 쓰레기는 조금씩 부서집니다. 파손되어 점점 작아져 5mm 이하의 미세 플라스틱이 돼요.

❸ 물고기들이 먹어요

미세 플라스틱은 무척 작기 때문에, 바닷속을 떠돌고 있으면 물고기들이 먹이로 착각해 먹어 버려요. 실제로 미국과 유럽, 일본 바다에서 채집된 멸치 같은 작은 물고기의 소화 기관에서 미세 플라스틱이 발견되고 있어요.

❹ 먹이 사슬에 뒤섞여요

미세 플라스틱을 먹은 물고기를 다른 해양 생물과 새, 사람이 먹고 있어요.

❺ 오염 물질이 몸에 남아요

플라스틱에 사용된 유해 물질이 최종적으로 사람의 몸속에 남게 돼요.

❻ 유해 물질이 일으키는 여러 가지 문제

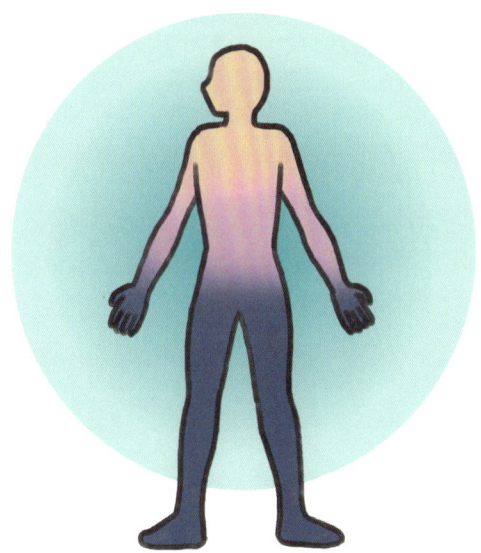

플라스틱 제품에는 품질이 떨어지는 걸 막거나 불에 쉽게 타지 않도록 첨가제가 들어 있어요. 또 바닷속에 있는 여러 가지 화학 물질을 들러붙게 하는 성질도 있어요. 미세 플라스틱 자체는 배출되지만 이러한 유해 물질이 사람의 지방에 쌓이면 문제가 된답니다.

첨가제

(플라스틱을) 단단하고 오래가게 하는 약품. 주로 산화 방지제를 뜻해요.

2장 ● 쓰레기를 줄이고 재활용하자

해안 쓰레기는 어디로 가?

언제까지고 남아서 환경 오염의 원인이 돼요

해안 쓰레기는 사람들이 버린 쓰레기가 하수 등을 통해 바다로 흘러들어 표류한 것이에요. 플라스틱은 썩지 않고 분해도 되지 않기 때문에 해안과 산에 계속 남아 있을 수밖에 없어요. 또 플라스틱에 포함된 첨가제와 화학 물질이 해수에서 녹기 시작해 물을 오염시키기도 하고요. 미래에는 인간의 생활을 위협하게 될지도 몰라요.

◯ 물고기보다 쓰레기가 많아진다고요?

바다를 떠도는 쓰레기의 양은 매년 증가하고 있어요. 이대로 아무 대책도 세우지 않으면 2050년에는 바다에 사는 생물보다 쓰레기의 양이 많아져요. 2021년에는 약 1억 5,000만 톤이나 되는 쓰레기가 바다에 떠돌았다고 해요. 토양에 폐기된 쓰레기는 지하수를 오염시키거나 산불의 원인이 되기도 해요. 불법 투기는 위법이지만, 여전히 사라지지 않고 있어요.

아프리카 코끼리는 3,000만 마리, 흰수염고래로는 80만 마리 분의 무게로군!

◯ 아무 데나 버리는 것을 줄이려면

전 세계적으로 불법 투기를 막기 위해 여러 가지 방법을 동원했어요. 한 가지 예로, 일본 오이타에서는 일본 제일의 깨끗한 거리 만들기를 목표로 '대대적 쓰레기 줍기 작전'을 실시했어요. 행사에 참가한 사람이 어찌나 많았던지 기네스 기록으로 인정 받을 정도였어요. 쓰레기가 버려진 장소에는 사람들이 쓰레기를 쉽게 버리기 때문에 깨끗한 거리를 만드는 것이 무엇보다 중요해요.

함부로 버리는 것을 방지하는 대책 중에서 가장 효과가 큰 것은 주의 문구를 적어 놓는 거예요. 담벼락이나 전봇대 근처에 '담배 꽁초를 버리지 마시오' '쓰레기 버리기 금지' 같은 문구를 크게 써 놓으면, 함부로 쓰레기를 버리지 못하게 막는 효과가 있어요. 또 세심하게 청소를 해 일정 기간 꾸준히 깨끗한 환경을 유지한다면 주변 사람들의 의식도 변해서, 아름다운 경관을 지키려는 마음이 싹트기도 합니다.

불법 투기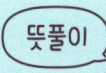

폐기물을 올바른 방법으로 처리하지 않고 도로나 공터 등에 버리는 것. 큰 쓰레기뿐만이 아니라 휴지나 빈 깡통, 사탕 껍질 같은 작은 쓰레기를 함부로 버리는 것도 불법 투기예요. 한국에서도 불법 투기는 범죄이며 최대 100만 원의 과태료가 부과돼요.

점점 늘어나는 쓰레기 문제

버린 쓰레기는 어떻게 돼요?

우리가 쓰레기장에 내놓은 쓰레기는 쓰레기 수거차가 회수해 각 지자체의 처리 시설로 운반돼요. 휴지처럼 불에 타는 쓰레기는 소각 시설에 모아서 태워요. 페트병과 재사용할 수 있는 불연성 쓰레기는 사람이 직접 선별해서 작게 깨뜨려 유리와 플라스틱 등 소재별로 분리합니다.

🟢 쓰레기 처리는 간단하지 않아요

이산화 탄소 같은 유해 물질 발생

쓰레기는 대부분 태워서 처리해요. 쓰레기를 태우면 이산화 탄소와 다이옥신 등 유해한 물질이 나오는데, 이러한 물질의 발생량을 억제하기 위해 대책과 설비를 개선하는 작업이 진행 중이에요.

매립지의 한계

재활용이 어려운 쓰레기는 땅에 묻어서 처리해요. 하지만 땅의 넓이는 한정되어 있기에 영원히 쓰레기를 묻을 수는 없어요. 우리나라의 매립지도 얼마 안 가 꽉 차 버릴지도 몰라요. 매립지를 새로 만드는 일은 간단하지 않아요. 유해 물질이 나와서 주변에 사는 사람들의 건강을 해치거나 농작물이 오염되거나 강물과 생물에 영향을 미칠 가능성이 크기 때문이죠.

어떤 대책을 세우면 좋을까?

대량 소비·대량 폐기의 문제

사람은 풍족한 생활을 하기 위해서 많은 자원을 사용하고, 여러 가지 제품을 만들어 내요. 그것들은 사용이 된 후 쓰레기로 버려지거나, 사용되지 않은 채 버려지기도 해요. 음식을 너무 많이 만들어 생기는 '식품 로스(손실)'도 큰 사회 문제가 되고 있어요.

사용하는 것만이 아니라 버릴 때의 일도 생각해서 물건을 만들어야겠네.

2장 ● 쓰레기를 줄이고 재활용하자

🟢 쓰레기

우리 주변에 있는 물건을 사용하지 않게 되면 어느 것이나 쓰레기가 돼요. 쓰레기는 크게 나누면, 가정에서 나오는 '일반 폐기물'과 사업자에게서 나오는 '산업 폐기물'이 있어요. 산업 폐기물은 각각의 사업자가 처리하도록 규정을 두었지만, 일반 폐기물은 수집해서 각 지자체가 책임지고 처리합니다.

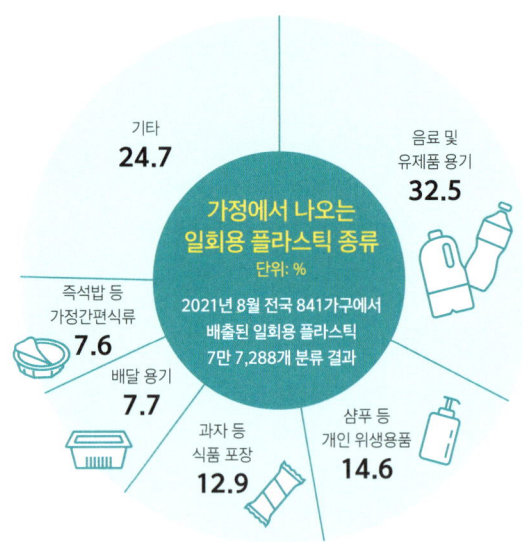

🟢 원자력 발전으로 나오는 쓰레기

원자력 발전은 인간에게 유해한 방사선을 대량으로 방출하는 방사성 물질을 사용하기 때문에 쓰레기를 엄격하게 관리해서 처리해요. 이 쓰레기는 주로 원자로에서 꺼낸 '사용 후 핵연료(고준위 방사성 폐기물)'와 작업자가 사용한 '의복과 의복의 제염(오염 원인이나 오염된 물질을 없앰)에 사용한 물(저준위 방사성 폐기물)'로 나눌 수 있어요. 방사성 물질에서 나오는 방사선이 인간과 생물에 무해해 질 때까지 긴 시간(길게는 10만 년)이 걸리기 때문에, 고준위 쓰레기를 묻을 장소를 찾기란 어려운 일이에요. 우리나라의 경우 현재 원자력 발전소 내 수조에 임시 보관하고 있지만, 2031년부터 저장 공간이 포화 상태가 된다고 해요. 방사성 폐기물을 안전하게 보관할 영구 처분장을 지어야 하는데, 지역 주민들의 반대에 부딪쳐 번번이 무산되었어요.

🟢 의료 쓰레기 문제

의료 현장에서 나온 쓰레기도 취급하기 어려운 것 중 하나예요. 주사 바늘과 혈액 또는 체액이 묻은 쓰레기는 다른 사람이 접촉하면 감염될 위험이 있어요. 이런 의료 쓰레기는 전용 케이스에 넣어 전문 업자가 회수해 안전한 방법으로 매립해야 합니다.

○ 모아진 쓰레기는 어디로 갈까요?

① 수집

각 지자체의 쓰레기 수거차가 지역마다 돌면서 쓰레기를 수집해요. 요일별로 내놓는 쓰레기 종류가 정해져 있어서 그에 맞는 수거차가 회수합니다.

② 운반

태울 수 있는 쓰레기는 지자체의 소각 시설에, 자원 쓰레기는 재활용 처리장으로 가요. 쓰레기 종류에 맞게 적합한 장소로 쓰레기를 운반해요.

③ 재활용 업자에게로

폐지나 병·캔, 플라스틱처럼 재사용이 가능한 쓰레기는 재활용 업자에게 넘겨져 가공돼요. 이러한 재활용이 가능한 쓰레기는 지자체가 분리해 각각 회수하고 있어요.

④ 중간 처리

쓰레기를 자세히 구분해요. 재활용할 수 있는 것은 재활용 업자에게 건넵니다. 쓰레기를 태우거나 부수거나 녹여 최종 처리가 쉽도록 쓰레기 양을 줄여요.

⑤ 최종 처리

중간 처리된 쓰레기는 최종 처리장으로 운반되어 매립돼요.

2장 ● 쓰레기를 줄이고 재활용하자

🟡 쓰레기를 줄이려면 어떻게 해야 할까요?

쓰레기를 분리한다고 쓰레기가 모두 처리되는 건 아니에요. 그렇기에 다시 사용할 수 있다는 생각으로 물건을 소중히 사용하는 게 중요합니다. 또 재활용은 쓰레기양을 줄이는 효과도 있어요.

❶ 개인이 할 수 있는 일

한 번 쓰고 버리는 일을 멈춰요 (리듀스)　　**반복해서 사용해요 (리유즈·재활용)**

플라스틱 컵과 페트병, 랩, 플라스틱 도시락 용기 등은 매우 편리하지만 한 번 쓰고 버려야 해요. 이러한 제품을 사용하지 않음으로써 쓰레기를 줄일 수 있어요. 컵은 자기와 금속제로 만든 것으로 바꾸고, 페트병은 물통으로 좀 더 쓰는 등 조금만 신경 써도 쓰레기양이 줄어듭니다. 또 과자는 작게 나누어 포장된 것이 아니라 종이 포장지 하나에 담긴 걸 선택하는 것만으로도 우리 주변의 쓰레기를 조금 줄일 수 있어요.

버리지 않고 우선 재활용을 해 볼까요? 페트병은 파스타나 쌀, 콩 같은 식품을 보관하는 데 적합해요. 페트병은 벌레가 먹지 않는 데다가 입구가 좁아 실수로 왕창 쏟을 일이 없어요. 또 우유 팩은 두껍고 질겨서 도마 위에 깔아 사용해도 좋고, 냄새가 강한 카레나 미트 소스를 보관할 때도 사용할 수 있어요.

쓰레기 분리가 생활 습관이 되면 좋겠어.

❷ 지역에서 할 수 있는 일

다 같이 쓰레기를 체크!

각 지역의 규칙을 만드는 지자체가 주체가 되어서 노력한 사례도 있어요.

절과 신사, 말차로 유명한 일본 교토의 사례를 볼게요. 교토의 시민들은 쓰레기 없는 아름다운 거리를 만들기 위해 사업자 보고 제도와 시민 모니터 제도를 도입하고 있어요.

사업자 보고 제도란 회사원과 상인이 쓰레기를 말끔하게 분리해 시에 보고하는 제도이며, 시민 모니터 제도는 주민들이 '근처에 있는 회사들이 제대로 쓰레기를 분리하고 있는가' '자신은 어느 정도 분리가 가능한가'를 체크하는 것이에요. 이 결과로 2015년도까지 16년 연속으로 쓰레기가 감소했어요. 쓰레기양도 맨 처음 시작했을 때보다 반으로 줄었다고 해요.

깨끗하고 아름다운 거리는 여러 사람의 노력 덕분이야.

쓰레기를 재활용하는 방법에는 뭐가 있을까? 같이 생각해 보자.

재활용해요

쓰레기에는 재활용할 수 있는 것과 그렇지 않은 것이 있어요. 특히 폐지는 화장지로 재활용할 수 있답니다. 지역에 따라 폐지를 회수할 때 장려금 금액을 올린다거나, 분리 배출을 철저히 해서 재활용으로 연결하는 곳도 있어요. 페트병으로 셔츠나 신발을 만들기도 해요. 이렇듯 버리면 끝이 아니라 재활용하겠다는 생각이 널리 퍼지고 있어요.

아직 사용할 수 있는 쓰레기도 있다고?

재활용할 수 있는 것도 있어요

이대로 쓰레기를 계속 매립하면, 지구가 쓰레기로 가득 차 버리고 맙니다. 앞으로의 미래 환경을 위해서 쓰레기를 줄이는 것이 무척 중요해요. 재활용을 하면 석유처럼 한정된 천연자원의 사용량을 줄이고 쓰레기 양도 줄일 수 있어요. 쓰레기를 처리할 때 이산화 탄소 같은 온실가스가 발생하니까 재활용해서 쓰레기를 줄이는 게 좋겠죠?

재활용이 무엇이며, 우리 생활에서 구체적으로 어떻게 실천할 수 있는지 함께 생각해 봐요.

◉ 재활용이 뭐예요?

예를 들어 페트병 같은 물건을 만들려면 여러 가지 자원을 재료로 사용해요. 자원이 모습을 바꾸어 제품이 되는 것이에요. 이런 제품을 사람이 사용하지 않게 되었을 때 쓰레기가 돼요. 그러나 이 쓰레기는 정말로 더는 사용할 수 없을까요?
자원으로 되돌리거나 다른 형태로 바꾸어 다시 사용할 수 있는 물건이 되는 일도 있어요. 재활용이란 이처럼 사용하지 않게 된 물건을 자원으로 되돌려서 새로운 제품을 만드는 것을 말해요.

◉ 재활용하면 어떤 점이 좋아요?

장점 1

자원을 한 번 사용하고 버리는 게 아니라 순환적으로 이용해 한정된 천연자원의 소비량을 줄일 수 있어요.

장점 2

재활용하지 못해 매립해야만 하는 쓰레기를 줄일 수 있어요.

> 천연자원의 양과 쓰레기 처리는 언젠가 한계에 부딪치는구나. 지금 할 수 있는 것에 힘을 쏟는 게 중요해.

◯ 플라스틱 재활용 방법

폐플라스틱 재활용 방법에는 세 가지가 있어요. 폐플라스틱을 원료로 해 플라스틱 제품으로 재생하는 머티어리얼 재활용, 화학적으로 분해해 화학 원료로 재생하는 케미컬 재활용, 태워서 열에너지로 회수하는 열적 재활용이에요. 한국의 플라스틱 재활용률은 약 73%로 해외 평균보다 8배 정도 높다고 해요.

머티어리얼 재활용
그대로 녹여서 또 한 번 사용해요.

케미컬 재활용
화학 처리로 분해해서 새로운 제품을 만들어요.

열적 재활용
폐플라스틱을 태워서 연료로 사용해요.

◯ 재활용에는 돈과 에너지가 필요해요

제품 하나에도 여러 가지 재료가 들어가 있기 때문에 재활용할 때는 먼저 각각의 재료로 분해를 합니다. 제대로 분해하지 않으면 유해 물질이 발생하거나 오히려 환경에 나쁜 영향을 주게 돼요. 그래서 분해 작업에는 꽤 많은 비용이 드는 편이에요.

재활용 방법 가운데 하나인 케미컬 재활용은 화학 반응을 이용하는데 무척 복잡해요. 고도의 기술 개발이 필요하며, 또 설비를 갖추는 데도 큰 비용이 듭니다.

효과적으로 재활용하려면 아직도 기술 향상이 필요해.

◉ 우리 주변에 있는 재활용 제품은?

분리 수거된 재활용 쓰레기는 다양한 제품으로 모습을 바꾸어요. 알루미늄 캔은 알루미늄 판자로 만든 후에 자동차 부품과 프라이팬 같은 알루미늄 제품으로, 유리병은 도로의 아스팔트와 건축용 단열재로, 페트병은 장갑 같은 의료품이나 문구용품으로, 종이 팩은 화장실 휴지와 티슈 등으로 다시 태어납니다.

◉ 쓰레기 산은 보물산?

최근 건전지와 개인용 컴퓨터, 휴대 전화 같은 전자기기 쓰레기가 계속해서 늘고 있어요. 이들 쓰레기는 수은과 납 같은 유해 물질을 포함하기 때문에, 사람과 환경에 악영향을 미쳐요. 또 금과 희소 금속 같은 고가의 자원도 포함되어 있어 재활용하는 것이 훨씬 효과적이에요.

스마트폰에도 금이 이용되는구나.

🟡 3R을 통해 낭비를 없애요

3R이란 쓰레기를 줄이고 한정된 자원을 재활용해 순환형 사회를 만들어 나가자는 의미의 키워드예요. Reduce(쓰레기 줄이기), Reuse(재사용하기), Recycle(재활용하기)의 앞 글자를 따서 3R이라고 해요. 우리가 생활 속에서 명심해야 하는 세 가지 R이란 무엇일까요?

\ 사용을 줄여요 /

Reduce
리듀스

쓰레기를 줄이는 것이 목적이에요. 쇼핑할 때는 에코백을 들고, 비닐봉지를 받지 않는 것과 오래 사용할 상품을 고르는 것, 쓸데없는 개별 포장이 없는 상품을 고르는 것 등이에요. 구입할 때부터 사용 후에 버리는 것까지를 생각해서 가능하면 쓰레기를 배출하지 않도록 다양한 방법을 고민하는 것도 해당돼요.

\ 재사용해요 /

Reuse
리유즈

같은 물건을 반복해서 사용하는 것. 음료수 병을 몇 번이고 사용하는 것과 사용하지 않는 제품을 재활용 가게에 보내는 것을 들 수 있어요. 사용이 끝난 제품을 회수해 한 번 더 사용하는 것도 리유즈예요.

\ 재자원화해요 /

Recycle
리사이클

쓰레기를 분리 회수해서 일단 자원으로 되돌려 다시 제품으로 만들어 바꾸거나 소각용 에너지로 재탄생하는 경우도 있어요. 일상생활에서 할 수 있는 재활용은 사용하지 않게 된 것을 분리해 자원 쓰레기로 내보내거나 재생해서 만든 제품을 사용하는 것이에요.

🟡 재사용과 재활용을 위한 노력

여러분이 살고 있는 지역에는 어떠한 쓰레기 분리 규칙이 있나요? 자원 쓰레기로 어떤 것을 회수하고 있을까요? 먼저 어떤 것이 자원으로 재활용되는지를 정확히 아는 것이 중요해요. 그 자원이 어떻게 재활용되는가를 떠올리면, 쓰레기를 줄이려는 의식으로 이어집니다. 반복해서 사용한다고 다 좋은 건 아닙니다. 재활용에도 많은 에너지와 사람의 손, 돈이 필요하기 때문이죠. 쓰레기가 되는 물건을 줄이는 게 목적이라는 걸 명심합시다.

45종류의 쓰레기 분리로 유명해진 마을이 있는데요. 일본에 있는 가미카쓰는 2003년에 '제로 웨이스트 선언'을 한 마을로, '2020년까지 쓰레기 제로'가 목표였어요. 관공서 직원들이 재활용 회사를 찾아서 맨 처음에는 9종류로 분리하는 일부터 시작했어요. 재활용할 수 있는 회사를 찾을 때마다, 조금씩 분리할 수 있는 종류를 늘려 현재는 쓰레기를 무려 45종류로 분리하고 있어요. 그런 노력의 결과로 이 마을에서는 전체 쓰레기의 약 80%를 재활용한답니다.

● 세계의 대책

여러 나라에서 폐기물에 관한 법률이 제정되고 있어요. 독일에서는 1991년에 포장 폐기물 정책이 발표되어 용기 포장의 제조, 유통, 판매업자에게 사용 후의 용기 회수와 처리에 대한 책임을 지게 했어요.

스웨덴에서는 1984년에 원웨이 병(재사용하지 않는 병)에 대해 보증금 제도를 도입해, 원웨이 병 이용률이 내려가고 있어요. 이는 상품 가격에 보증금을 추가해, 사용한 상품을 반환하면 보증금도 반환되는 제도예요. 또 환경 선진국 가운데 한 곳인 덴마크에서는 쓰레기 수거는 전부 유료로 진행해요. 단 자원 쓰레기는 지역의 재활용 센터에 가지고 오면 무료입니다.

이처럼 재활용하지 못하는 쓰레기를 회수할 때는 유료로 하는 국가가 많은데, 쓰레기 분리 의식을 높여 일반 쓰레기를 줄이는 효과가 있어요.

순환형 사회

쓰레기를 가능한 한 줄이고, 발생한 쓰레기는 재활용해요. 한정된 자원을 반복해서 사용해 환경에 나쁜 쓰레기가 지금보다 훨씬 적은 사회를 말해요.

먹다 남긴 급식은 어디로 가는 걸까?

버려지거나 가축의 먹이가 되어요

'양이 너무 많아서' '급식 시간이 짧아서' '싫은 음식이 있어서' 등의 이유로 급식을 남긴 적 있나요? 서울시 초·중·고 1인당 연간 평균 잔반량은 2019년 34kg에서 지난해 38kg로 12% 가까이 늘었어요. 그중에는 가축의 먹이가 되는 것과 버려지는 음식도 있는데, 버려지는 음식을 식품 로스 또는 식품 손실이라고 해요.

◉ 일부는 비료로, 일부는 가축의 먹이로

학교 급식에서 조리할 때 나오는 쓰레기와 잔반은 1년간 약 3~5만 톤이에요(2019년 서울·경기도 조사). 그 가운데 절반은 비료가 되고 일부가 돼지나 소, 닭 같은 가축의 먹이가 되고 있어요. 그리고 남은 것은 버려지고 맙니다. 여러분이 충분히 먹을 수 있도록 처음부터 학교 급식을 많이 만드는 것도 문제예요.

급식을 남기지 않도록 노력하는 지역도 있어!

결석하는 학생도 있기 때문에 늘 양을 알맞게 맞추기란 어렵구나.

◉ 연간 50kg이나 버린다고요?

일본의 예를 살펴보면, 일본에서는 1년간 약 612만 톤의 식품 로스가 발생해요. 1인당으로 계산하면 연간 48kg이나 되는 음식이 버려지는 거예요.

식품 로스는 크게 나누면 가게 같은 곳에서 나오는 사업 식품 로스와 가정에서 나오는 가정 식품 로스가 있어요. 연간 가정 식품 로스의 양은 약 284만 톤으로, 반 가까이는 가정에서 나오고 있어요.

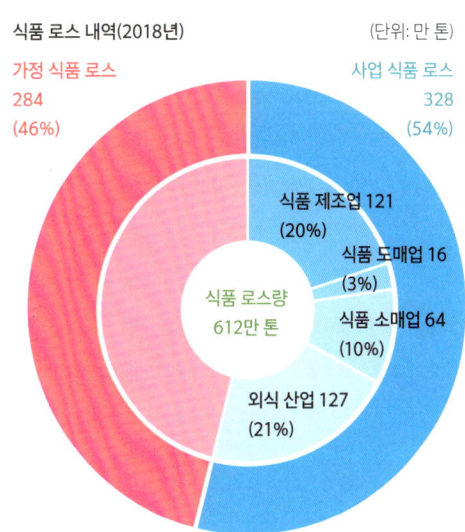

식품 로스 내역(2018년) (단위: 만 톤)

- 가정 식품 로스 284 (46%)
- 사업 식품 로스 328 (54%)
- 식품 제조업 121 (20%)
- 식품 도매업 16 (3%)
- 식품 소매업 64 (10%)
- 외식 산업 127 (21%)
- 식품 로스량 612만 톤

2장 ● 쓰레기를 줄이고 재활용하자

◯ 버려지는 원인

식품 로스의 원인은 몇 가지가 있어요. 어떠한 경우에 버려지는지를 알게 되면 조심할 수 있어요.

가정에서는 지나치게 많이 구매하지 않는 것이 중요해요. 쇼핑을 하러 가기 전에 냉장고를 체크하고, 오늘 메뉴를 미리 정해서 필요한 것만 사는 게 좋아요. 효율적으로 보관하는 방법을 익혀두는 것도 필요하고요.

❶ 품질 저하
해외에서 수입된 먹거리는 생산국에서의 관리 상태가 나쁘면, 국내에 도착할 무렵에는 품질이 떨어질 수 있어요.

❷ 모양이 좋지 않은 식자재
소비자에게 팔리는 상품을 만들기 위해 판매자는 겉모양에 신경을 씁니다. 휘어져 있는 채소나 상처가 난 과일 등은 버려지기 쉬워요.

식품을 버리는 이유

❺ 남는 식자재
식당에서는 손님이 올 숫자를 예상해 재료를 구입하는데 손님이 생각보다 없을 경우 식자재가 많이 남게 돼요.

❸ 표기를 착각
유통 기한과 소비 기한을 착각해 먹을 수 있는데도 버리는 경우가 있어요.

❹ 과다 구매
가정에서는 먹거리를 많이 샀다가 남기는 일이 종종 있어요.

◎ 음식물은 재활용할 수 없나요?

음식물은 재활용하지 못한다고 생각하지만, 실제로 음식물은 이미 재활용되고 있어요. 우리가 남기는 음식물과 식품 공장, 식당에서 버려지는 음식물 등은 그중의 약 반 정도가 재활용되고 있어요. 예를 들면, 가축의 사료가 되는 건 돼지나 소가 먹고, 그것을 또 인간이 먹음으로써 재활용이 돼요. 비료의 경우에는 남은 음식물이 지닌 영양을 활용해 채소를 기르는 데 사용해요. 요즘에는 남은 음식을 포장해서 가지고 가는 것을 권장하는 식당도 있고요. 지금까지는 음식이 남으면 버리기 일쑤였지만, 앞으로는 식품 로스를 줄이기 위해 노력해야겠죠?

◎ 만드는 책임·사용하는 책임

SDGs의 목표 12는 '만드는 책임과 사용하는 책임'으로 식품 로스 문제를 채택하고 있어요. 2030년까지, 세계 전체의 1인당 식품 폐기량을 반으로 줄일 것과 생산과 공급 현장에서 식품 손실을 줄이는 걸 목표로 하고 있어요. 식품 로스를 줄임으로써 폐기할 때 발생하는 온실가스도 줄일 수 있어요.

음식을 남기지 않는 건 환경에도 좋은 일이구나!

물건을 버리는 것은 아까워!

'못타이나이(아깝다는 뜻의 일본어)'는 전 세계로 퍼지고 있어요

'못타이나이'라는 일본 말에는 물건을 버리지 않고 소중히 사용하자는 정신이 담겨 있어요. 이것이 마음에 들었던 케냐인 마타이는 이 말을 그대로 써서, 전 세계에 못타이나이의 정신을 알리는 활동을 시작했어요. 마타이의 활동을 계기로 전 세계에서 물건을 소중히 사용하자는 'Mottainai 캠페인'이 실시되었어요.

● 왜 이런 말을 하게 된 거예요?

'Mottainai(일본어인 もったいない를 영어 발음으로 표기한 것. '못타이나이'라고 읽어요_옮긴이)'라는 말에는 Reduce(쓰레기 줄이기), Reuse(재사용하기), Recycle(재활용하기)을 의미하는 환경 활동인 3R과 매우 소중한 지구 자원에 대한 Respect(존경의 마음)가 담겨져 있다고 마타이는 생각했어요. 한정된 자원을 다시 살펴보고, 자원을 재활용하는 것이 필요한 이 시대에 딱 어울리는 이 말은 세계의 공통 의식으로 널리 확산되어 갔어요.

> 일본에서 쓰는 '못타이나이'라는 말이 세계 공통어가 되고 있다니 신기한 걸.

못타이나이를 널리 알린
왕가리 마타이

케냐에 사는 환경 보호 활동가인 왕가리 마타이는 케냐의 황폐한 대지를 구하기 위해서, 아프리카 전 지역에서 나무를 심고 가꾸는 활동을 시작했어요. 그리고 이 공적으로 2004년에는 아프리카 여성으로는 최초로 노벨 평화상을 수상했어요.

2005년 2월, 교토 의정서 관련 행사에 참가하기 위해 일본을 방문했던 마타이는 고이즈미 준이치로 전 총리와 회담을 하던 중에 일본의 '못타이나이'라는 말에 큰 감명을 받았어요. 그후 마타이는 이를 세계 공통 단어로 확산시키고자 강연도 하고 다양한 활동을 벌였어요.

함께 생각해요

우주 쓰레기를 수집할 수 있다고?

쓰레기는 지구만의 문제가 아닙니다. 지구 주변의 우주 공간에도 2만 개 이상의 '스페이스 데브리'라고 불리는 우주 쓰레기가 있어요. 주로 로켓 발사 때 분리된 일부, 폭발과 충돌이 일어났을 때 발생한 파편, 사용하지 않게 되거나 고장이 난 인공위성 등이에요. 이 데브리는 작은 것이라도 거대한 운동 에너지를 가졌기에 지금 사용하고 있는 인공위성들과 충돌하면 파괴될 우려가 있어 큰 문제가 되고 있어요.

그래서 도쿄의 '아스트로 스케일'이라는 회사는 우주 쓰레기를 회수하기 위해 소형 위성을 개발했어요. 2021년 3월에는 러시아에서 이 기술을 실험하기 위해 로켓을 발사했다고 발표했어요. 이는 위성에 들어 있는 자석을 이용해 '우주 쓰레기'를 붙잡아서 대기권으로 가져오는 방식이에요. 미리 실험을 위해 준비한 '우주 쓰레기'를 분리하거나 잡아서 찾아내는 작업이었는데, 성공적이었다고 해요. 민간 기업이 우주 쓰레기를 회수하는 기술 실험을 한 것은 처음이었어요. 앞으로 큰 기대를 걸고 있어요.

3장

자원과 에너지를 소중히 사용하자

전기가 없어도 살아갈 수 있어? ― 84

전철은 전기로 움직이니까 친환경? ― 88

똥으로 전기를 만들 수 있어? ― 90

원자력은 좋을까? 나쁠까? ― 94

공룡 화석에서 석유가 생기는 거야? ― 98

석유도 사재기를 한다고? ― 102

전기가 없어도 살아갈 수 있어?

초가집 뒤쪽에 보이는 굴뚝이 동대문 발전소

옛날에는 전기 없이 생활했어요

현대 사회에서 전기는 꼭 필요한 에너지예요. 그러나 전기가 발명되기 전에는 전기 없이 생활하고 있었어요. 전기 없는 생활을 상상해 보세요. 형광등도, 텔레비전도 없는 시대는 어떻게 지냈을까요? 그리고 누가 어떻게 전기를 발견하고, 편리하게 사용할 수 있게 한 걸까요? 우리 주변에 늘 있는 '전기'란 무엇인지 함께 생각해 봅시다.

○ 전기와 동전기는 다르다고요?

전기는 물건을 움직이기 위한 에너지의 한 가지예요. 전기에는 자연적으로 발생하는 '정전기'와 사람이 만들어 내는 '동전기'가 있어요. 정전기는 일정한 장소에 머물러 흐르지 않는 전기이며 동전기는 물질의 내부 또는 표면을 이동하는 전기예요. 또 우리가 생활에서 사용하는 전기는 사람이 만들어 낸 동전기로, 발전소에서 만들어 가정과 사무실, 학교 등 곳곳으로 보냅니다.

○ 전기의 발견

전기의 구조는 1831년에 영국에서 패러데이라는 학자가 발견했어요. 금속선을 빙빙 감은 코일 안에 자석을 통과시키자, 그 자력에 의해 코일 안의 자유 전자가 정해진 방향으로 흐른다는 사실을 알게 되었어요. 이것이 동전기입니다.

정전기는 자연적으로 생기는구나.

 지식 콕콕

피뢰침을 발명한
벤자민 프랭클린

18세기 미국에서 전기 연구에 힘을 쏟던 벤자민 프랭클린은 벼락이 전기라는 사실을 증명하는 실험에 성공했어요. 또 그는 1749년에 피뢰침도 발명해요. 피뢰침이란 벼락이 떨어질 때 건물이 피해를 입지 않도록 건물 위에 세우는 금속 막대기로, 벼락의 전류를 안전하게 대지로 보내줘요. 피뢰침 때문에 벼락이 건물에 떨어져도 화재가 발생하지 않아요. 피뢰침은 현재 우리나라에서도 많은 건물에 설치되어 있어요. 덕분에 벼락의 피해를 막을 수 있답니다.

● 전기에 이르기까지

여러 가지 물건을 움직이는 에너지는 모습을 바꾸면서 지금의 전기에 이르렀어요.

인력
사람은 오랜 시간, 자신들의 힘으로 물건을 움직였어요. 지금도 인력거나 자전거는 인력으로 움직이고 있어요.

축력
수천 년 전부터, 소와 말 등 가축을 동력으로 사용했어요. 전쟁과 농업에서 주로 사용했는데, 먹이가 많이 필요하다는 문제가 있었어요.

풍력·수력
고대부터 세계 몇몇 지역에서 바람과 물을 동력으로 사용했어요. 동물의 힘에 의존하지 않는 최초의 동력원이에요. 물 긷기와 밀의 제분 등에 사용되었어요.

● 전기 없이 어떻게 생활했을까요?

전기가 없던 시대는 어떻게 생활했을까요? 전기를 사용하기 전의 생활을 살펴볼까요?

전기가 없던 시대	전기를 사용하는 현대

등불

양초, 사방등, 석유램프
불을 사용해 등불을 켰어요. 석유와 동식물의 기름 그리고 나무 등을 연료로 삼았어요.

전구
발명가 토마스 에디슨이 1870년에 백열전구를 개발했어요. 이후 형광등과 엘이디도 발명되었죠.

밥

부뚜막
옛날에는 흙과 돌, 벽돌 등으로 만든 부뚜막과 아궁이를 이용해 밥을 지었어요. 우리나라에서 부뚜막은 고려 시대부터 사용했어요.

전기밥솥
솥 안에 전열선을 집어넣은 전기밥솥은 1921년에 일본에서 처음 발매되었어요.

빨래

빨래판
판에 홈이 파여 있어서 적은 물로도 더러움이 잘 떨어집니다. 직접 비벼서 더러움을 떨어뜨리기 때문에 힘이 필요해요.

세탁기
최근에는 세탁기 하나로 세탁, 탈수, 건조까지 하지요. 세탁과 탈수를 한 기계에서 하게 된 것은 1960년대부터예요.

증기

유럽을 중심으로 한 산업 혁명 시대에 태어난 동력이에요. 수증기를 이용해 물건을 움직여요. 증기 기관차와 증기선 등이 있어요.

전기

19세기 말 무렵에 전기를 사용해 물건을 움직이기 시작했어요. 적은 에너지로 큰 물건을 움직이게 되었지요. 1881년에 독일 베를린에서 운행된 노면 전차가 전철의 시작인 셈이죠.

> 사람의 힘만으로 움직이는 건 힘들기 때문에 여러 가지 힘을 사용하게 되었구나.

1,400마력
※D51 기관차

3,200마력
※DF200 디젤차

● 전기는 여러 가지 형태로 변하는 에너지

오늘날 우리 생활은 전기에 의존하고 있어요. 전기 없는 생활은 생각조차 할 수 없지요. 전기라고 하면 보통 실내를 밝히는 것만 떠올리는데 그 밖에도 소리, 열, 운동 등 다양한 종류의 에너지로 활약하고 있어요.

빛
전기라고 하면 먼저 빛이 떠오르지요? 우리는 전구와 형광등, 엘이디 등 다양한 방식을 통해서 전기를 빛으로 바꾸고 있어요.

소리
우리 주변에는 전화와 라디오, 텔레비전 등 소리 나는 물건이 참 많지요. 이것은 전기 에너지를 소리 에너지로 바꾼 것이에요.

열
열을 이용한 가전제품도 있어요. 토스터와 전기난로, 드라이기 등이에요. 전기 에너지를 열로 바꾸어 사용해요.

운동
전기 에너지는 운동 에너지로도 바뀝니다. 에스컬레이터와 전기 자동차는 전기를 사용해서 물건을 움직일 수 있어요.

뜻풀이

수증기
물이 증발해 기체가 된 것.

LED(엘이디)
발광 다이오드(light emitting diode)의 영어 식 표기 머리글자로, 전류의 방향이 일정 전극 방향과 일치하면 불빛이 나는 다이오드.

아크등
기체 내부에 전류가 흐르는 현상을 이용해 조명으로 이용한 것. 방전 등이라고도 해요.

3장 ● 자원과 에너지를 소중히 사용하자

전철은 전기로 움직이니까 친환경?

전기가 어디에서부터 오는지 생각해 봐요

전철은 이름처럼 전기 철도 위를 움직이는 열차나 차량을 말해요. 전기는 발전소에서 만들어지며, 전선을 통해서 온 에너지를 받아서 움직여요. 전기를 사용할 때는 이산화 탄소가 나오지 않기 때문에 환경 친화적으로 생각하지만, 정말로 전기는 환경에 나쁜 영향을 주지 않을까요?

○ 전기는 어디에서 올까요?

우리가 사용하는 전기는 어디에서 만들어지고, 어디에서부터 오는 걸까요?

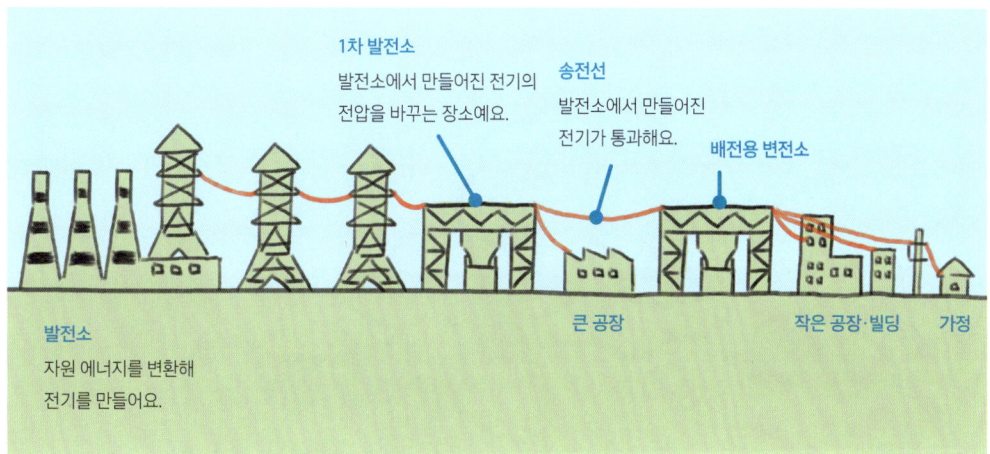

1차 발전소 발전소에서 만들어진 전기의 전압을 바꾸는 장소예요.

송전선 발전소에서 만들어진 전기가 통과해요.

배전용 변전소

발전소 자원 에너지를 변환해 전기를 만들어요.

큰 공장 / 작은 공장·빌딩 / 가정

○ 전기를 만들면 무엇이 문제일까요?

❶ 이산화 탄소가 나와요

전기를 사용할 때 이산화 탄소는 나오지 않아요. 하지만 발전소에서 전기를 만들 때 이산화 탄소가 많이 나옵니다. 일본에는 물질을 태워서 그때 발생한 에너지를 전기로 바꾸는 방법도 있어요. 즉 전기를 사용할 때 이산화 탄소는 나오지 않아도, 만들 때 물질을 태우기 때문에 이산화 탄소가 많이 발생되는 것이죠.

❷ 자원이 사라져요

물질을 태우는 발전 방법은 이산화 탄소가 나올 뿐만 아니라 자원이 사라져 버리는 문제도 있어요. 물질, 즉 자원을 태워서 전기가 만들어집니다. 지구에 있는 자원을 계속 사용하면 언젠가 없어지고 맙니다. 지금의 발전 방법으로는 결국 자원이 사라지기 때문에 지구 전체의 문제가 되고 있어요.

전기는 환경 친화적이라고 생각했는데…….

배출 필요 없는 것을 바깥으로 밀어내는 것.

뜻풀이

똥으로 전기를 만들 수 있어?

소똥과 음식 쓰레기로 전기를 만듭니다!

음식물 쓰레기와 가축의 똥 등 '바이오매스'라고 불리는 유기성 자원을 재료로 전기를 만들 수 있어요. 그리고 이러한 유기성 자원을 미생물로 분해했을 때 발생하는 것이 바이오매스 에너지예요. 쓰레기로 만드는 에너지라는 점에서 주목을 받고 있어요.

○ 발전 방법

전기를 만드는 방법은 여러 가지가 있어요. 화력 발전, 수력 발전, 원자력 발전, 풍력 발전, 태양광 발전, 바이오매스 등이 대표적입니다. 태양광 발전을 제외하고 모두 터빈이라고 불리는 장치에 힘을 가해서 발전기를 돌려 전기를 발생시키는 시스템이에요.

❶ 터빈을 돌려요

터빈이 돌면 에너지가 기계적인 동력으로 바뀌어 발전기를 회전시킵니다.

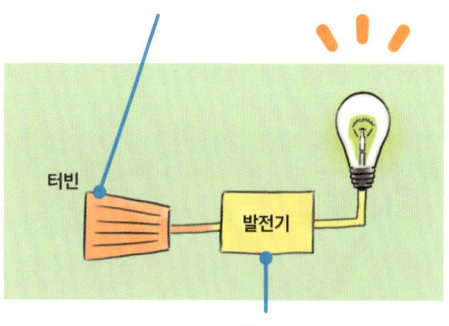

❷ 전기를 만들어 내요

발전기는 자석과 코일로 이루어져 있기 때문에 회전하면 코일로 전압이 가해져 전류가 흐르기 시작해요.

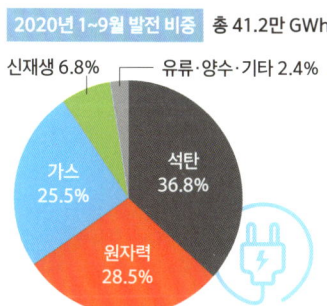

2020년 1~9월 발전 비중   총 41.2만 GWh
- 신재생 6.8%
- 유류·양수·기타 2.4%
- 가스 25.5%
- 석탄 36.8%
- 원자력 28.5%

○ 가장 많이 사용하는 발전 방법은?

발전 방법에는 여러 가지가 있는데, 한국에서 가장 많이 사용하는 것은 화력 발전이에요. 발전에 사용하는 연료는 석유, 석탄, 천연 가스 같은 화석 연료랍니다. 화력 발전은 간단하게 전기를 만들어 내는 편리한 방식 때문에 많이들 이용하고 있어요. 그러나 화석 연료를 태울 때 이산화 탄소가 발생해 지구 온난화로 이어지는 문제가 있습니다.

화석 연료를 사용해 발전하는 태안 화력 발전소
(충청남도 태안군)

◯ 어떤 발전 방법이 가장 좋아요?

지하자원을 사용하지 않고, 자연 에너지를 발전에 이용하는 방법을 재생 가능 에너지라고 해요. 고갈될 일은 없지만 자연조건에 따라 발전량이 달라지는 문제가 있어요. 그러나 이산화 탄소를 배출하지 않기 때문에 친환경 발전 방법으로 주목을 받고 있어요.

재생 가능 에너지	방법	장점	단점
태양광	태양광을 받으면 전류가 흐르는 판넬을 사용해요.	판넬이 넓으면 넓을수록 많은 전기를 발전할 수 있어요.	· 날씨가 흐리면 발전을 하지 못해요. · 낮에만 사용할 수 있어요.
풍력	바람의 힘으로 풍차를 회전시켜서 터빈을 돌려요.	· 연료비가 들지 않아요. · 바람만 있으면 밤에도 발전할 수 있어요.	· 바람의 세기에 따라 발전량이 달라져요. · 태풍처럼 바람이 너무 강하면 풍차가 고장나요.
지열	지하의 마그마에서 발생한 수증기를 사용해 터빈을 돌려요.	· 활화산이 많은 지역에 적합해요. · 날씨와 시간대에 영향을 받지 않기 때문에 안정된 전력을 공급할 수 있어요.	· 국립공원으로 지정된 곳이 많아 규제가 있어요. · 개발에 위험 요소가 크고 비용도 많이 들어요.
수력	물의 위치 에너지를 이용해 터빈을 돌려요.	· 연료비가 들지 않아요. · 작은 수력 발전도 할 수 있어요.	· 큰 댐을 만들면 자연환경이 파괴돼요. · 물의 높낮이 차이와 수량이 크지 않으면 발전량이 적어요.
바이오매스	음식 쓰레기와 톱밥, 식물과 동물의 똥 등을 태우거나 발효시킬 때 발생하는 기체로 터빈을 돌려요.	· 이산화 탄소 합계가 늘어나지 않아요(탄소 중립). · 연료만 있으면 안정적으로 발전을 할 수 있어요.	· 연료를 모으는 비용이 들어요. · 연료를 만들거나 운반할 때 화석 연료를 사용하면 이산화 탄소가 늘어나요.

간단하게 '재생 에너지'라고 해.

◯ 각국의 새로운 발전 방법

SDGs의 7번째 목표는 '에너지를 모두에게 그리고 깨끗하게'예요. 깨끗한 에너지란 에너지를 만들 때 온실가스와 유해 물질을 배출하지 않거나 되도록 배출량이 적은 것을 말해요. 세계 각국에서 깨끗한 에너지를 사용하려고 노력하고 있어요.

똥으로 전기를 만들어요

똥을 미생물로 분해하면 바이오 가스라는 에너지가 발생해요. 이 시스템을 이용해 우간다에서는 화장실을 에너지 생성 장소로 바꾸는 움직임이 있어요. 우간다의 수도 캄팔라에서는 학교 화장실에 에너지를 만드는 부품을 설치한 하수 발전 시스템을 도입했어요.

우간다

하수 발전 시스템

학교 화장실에서 발전을 할 수 있다니, 대단하다!

중국

플렉시블 바이오 버터플라이 윙

새로운 타입의 태양광 발전

중국의 한 연구팀은 '플렉시블 바이오 버터플라이 윙'이라는 소재를 개발했어요. 이 소재는 태양광의 열로 획 하고 말렸다가 그림자로 온도가 내려가면 또 벌어지는 성질이 있는데, 그 열고 닫히는 속도는 나비의 날갯짓보다 빠르다고 해요. 새로운 태양광 발전의 형태로 주목을 받고 있어요.

환경 친화적인 발전 방법을 계속 생각하고 있어.

탄소 중립

이산화 탄소의 배출과 흡수가 플러스 마이너스 제로가 되는 에너지 사용법이에요. 예를 들면 식물을 연료로 사용해 태울 때 나오는 이산화 탄소의 양은 식물이 광합성으로 받아들인 양과 다르지 않기 때문에 이산화 탄소의 합계에 변화가 없어요.

 뜻풀이

위치 에너지

높은 위치에 있는 것이 가지는 에너지. 높으면 높을수록 에너지가 커져요.

원자력은 좋을까? 나쁠까?

여러분 생각은 어떤가요?

원자력 발전은 핵 반응 때 생기는 대량의 열로 물을 끓여 증기의 힘으로 터빈을 돌려서 발전하는 방법이에요. 원자력 발전에도 좋은 면과 나쁜 면이 있어요. 원자력 발전은 화력 발전과는 달리 적은 연료로 대량의 전기를 만들고 이산화 탄소를 발생시키지도 않습니다. 다만 연료로 우라늄과 플루토늄 같은 방사성 물질을 사용하기 때문에, 안전성과 방사성 폐기물 처리 방법이 문제가 되고 있어요. 연료가 되는 우라늄과 플루토늄은 해외에서 수입하고 있어요. 또 발전할 때 발생한 방사성 폐기물도 열을 내기 때문에 오랜 기간 식혀야 하죠. 그래서 대량의 물이 필요해요.

◉ 방사선은 위험해요?

방사선은 자연에도 존재하지만, 많이 쬐면 몸에 나쁜 영향을 미쳐요. 그리고 그 방사선을 발생시키는 우라늄과 플루토늄 등의 물질을 '방사성 물질'이라고 해요. 눈에 보이지 않는 방사선은 물질을 통과하기 쉽고 세포를 파괴하는 힘이 강하기 때문에, 암에 걸릴 가능성도 있어요. 원자력 발전은 저비용 발전으로 알려져 있지만, 사고를 예방하는 데 드는 비용과 사고가 일어났을 때의 대책을 생각하면 위험성이 높은 발전 방법이에요.

◉ 한국에 있는 원자력 발전소

우리나라에는 26기의 원자력 발전소가 있으며 현재 22기가 운전 중이에요(2024년 10월 기준). 이 가운데 20기가 경상도에, 나머지 6기는 전라도에 있어요. 강원도는 삼척시에서 추가 원전 건립 계획을 세웠지만, 오랫동안 논의가 중단된 상태예요.

핵반응
원자끼리 충돌해 일어나는 반응. 충돌해 분열하거나 융합할 때 매우 큰 에너지가 발생해요.

원자
물질을 구성하는 기본 입자.

방사성 물질
방사선을 발생하는 힘을 가진 물질을 말함. 우라늄과 플루토늄 등이 있어요. 또, 사용 후 방사성 물질을 방사성 폐기물이라고 해요.

뜻풀이

◉ 세계에서 단 하나뿐인 핵 폐기물 처리장

원자력 발전에 사용한 핵연료(고준위 방사성 폐기물)에는 고농도의 방사성 물질이 포함되어 있어요. 이를 처리하는 방법은 매우 어렵고 유해 성분이 줄어들기까지 수만 년이 걸린다고 해요. 그래서 지구 환경의 변화와 자연재해에 영향을 받지 않고 10만 년 후까지 안전하게 보관할 장소가 필요해요. 2023년 현재, 세계에서 단 하나뿐인 최종 처리 시설물을 짓고 있어요. 영구히 폐기물을 묻는 세계 최초의 최종 처리장인 핀란드 올키루오토섬의 '온칼로'예요. 원자력 발전은 우라늄과 플루토늄 등의 자원을 사용할수록 폐기물은 늘어날 수밖에 없어요. 따라서 배출된 핵폐기물을 '어디'에 '어떻게' 버릴지는 해결해야 할 중요한 과제입니다.

핵폐기물을 보관할 구리와 철 재질의 금속 용기

◉ 아무도 살지 못하게 된 체르노빌

원전 사고는 사고의 심각성에 따라 레벨 0에서 레벨 7까지 분류해요. 2011년 3월 11일 동일본 대지진 때 일어났던 후쿠시마 제1원전 사고는 레벨 7의 '심각한 사고'로 분류되었어요. 지금까지 레벨 7로 분류된 사고는 우크라이나의 체르노빌 원전 사고와 후쿠시마 제1원전 사고뿐입니다.

체르노빌 원전 사고는 '인류 역사상 가장 심각한 환경 파괴'라고 불리는 사고로, 30년이 지난 지금도 원전이 있던 마을에는 아무도 살 수 없답니다. 원전 사고는 약 25년에 한 번 일어나는 만큼, 원자력 발전의 편리한 점과 위험한 점을 생각해 볼 필요가 있겠죠?

심각한 환경 파괴를 초래하는 원전 사고

◯ 미래에는 원전이 없어지나요?

세계 곳곳에서 지금도 원자력 발전소는 돌아가고 있어요. 나라마다 원자력 발전소에 대한 생각은 조금씩 다른데요. 그룹별로 정리해 살펴볼게요.

나라마다 다양한 생각이 있고 이유도 여러 가지로군. 하지만 정말로 친환경적인 발전 방법인 걸까?

장래에 이용 ↑

인도네시아·말레이시아 등

인도네시아는 석유, 천연가스, 석탄 같은 에너지 자원이 풍부한 나라지만 그 양에는 한계가 있어요. 이러한 개발 도상국에서는 원자력 발전소 도입을 계획했지만 정치적 이유 때문에 실행하지 않고 있어요.

미국·영국·프랑스

미국은 세계에서 원자력 발전소를 가장 많이 가동하는 나라로, 원자력의 평화적 이용을 추진하고 있어요. 프랑스와 영국에서는 원자력 발전소의 사고 위험성이 높다고 생각하지만 이산화 탄소의 배출량을 줄이기 위해, 또 지구 온난화를 방지하고자 계속 원자력 발전을 이용하는 추세예요.

← 현재 이용하지 않음 　　　　　　　　　 현재 이용하고 있음 →

호주와 몇몇 나라

호주를 포함한 몇몇 나라에서는 원자력 발전을 법적으로 금지했어요. 가장 큰 이유는 다른 나라에서 일어난 원전 사고 사례를 보고, 지역 주민이 크게 반대를 해 법률로 금지했기 때문이에요. 그때까지는 주요 에너지원으로 석탄을 이용했지만, 2000경부터 재생 가능 에너지를 도입하기 시작했어요.

한국·독일·대만·스위스 등

1979년의 스리마일섬, 1986년의 체르노빌, 2011년의 후쿠시마까지 원전 사고가 되풀이되면서, 현재 원자력 발전을 하고 있지만 장래에는 폐쇄할 의향을 보이는 나라도 많아요. 독일에서는 태양광과 수력, 풍력과 같은 재생 가능 에너지의 이용을 더 확대하고 있어요.

↓ 장래에 폐지

공룡 화석에서 석유가 생기는 거야?

화석에서는 생기지 않아요

석유의 근원은 아주 먼 옛날 공룡이 있던 시대에, 플랑크톤의 사체 안에 들어 있던 것이라고 알려져 있어요. 그러나 미생물이 석유를 만든다는 설과 지하의 화학 반응에 따라 생긴다는 설도 있어서 석유가 어떻게 생겨났는지 아직 확실하지는 않아요. 현재로서는 인공적으로 석유를 만들 수 없기 때문에 계속해서 사용하면 언젠가는 없어져 버리고 맙니다.

○ 에너지의 기초가 되어요

화석 연료란 전기처럼 에너지의 기초가 되는 자원을 말하며 석탄과 석유, 천연가스 등이 있어요. 오랜 시간에 걸쳐 동식물의 사체가 석유와 석탄으로 바뀐다고 생각했기 때문에 '화석 연료'라고 불러요. 인간은 매일 전기 같은 에너지를 사용하고 있지만, 이 원료가 되는 화석 연료의 양에는 한계가 있어요. 가장 많이 사용하는 석유는 전 세계에서 사용하기 때문에, 앞으로 50년 정도면 모두 없어져 버릴 거라고 해요. 화석 연료는 몇억 년이라고 하는 길고 긴 세월에 걸쳐 만들어진 것인데, 이것을 인간은 순식간에 다 사용하고 만 것이에요. 또 화석 연료에서 에너지를 만들 때 대량의 이산화 탄소를 발생시키는 것도 문제가 되고 있어요.

한국의 화석 연료 소비량

석탄
발전뿐만 아니라 철과 시멘트, 종이·펄프 등 일상생활에 필요한 자재를 만드는 데도 사용되고 있어요.

14.4%

2위

석유
자동차용 연료와 등유를 만드는 원료로 사용하고 있어요. 점점 발전에 사용하는 양도 늘어나고 있어요.

46.8%

1위

천연 도시가스
화력 발전의 원료와 도시가스의 원료로 사용돼요.

11.9%

3위

◯ 에너지로 사용할 수 있는 자원

우리가 생활 속에서 필요한 에너지를 만드는 데 원료가 되는 물질을 '에너지 자원'이라고 부릅니다.

에너지 자원은 크게 세 가지로 나뉘어.

에너지 자원

화석 연료
석유·석탄·천연가스·셰일 오일 등

특징
태우면 이산화 탄소와 물이 발생해요.

없어진다

비화석 연료

장작·숯·건조한 가축의 똥, 우라늄과 플루토늄 등

특징
나무와 똥은 개발 도상국에서 많이 이용하고 있어요.

없어진다

자연 에너지

주목

태양광·지열·풍력·수력· 바이오매스 에너지 등

특징
없어지는 일이 없고, 지구에 나쁜 영향을 주지 않아요

친환경적이고 없어지지 않다니 굉장~해!

○ 여러 가지 재료가 되는 자원

자원은 에너지뿐만이 아니라 다양한 것의 재료가 되어 우리 일상에 큰 도움을 줘요. 나무와 광물도 지나치게 사용하면 없어져 버리고 맙니다.

화석 연료

석유
특징
액체 상태인 자원이에요.
제품: 의류·수영복·스포츠 신발·자동차 타이어

석탄
특징
화석 연료 중에서 매장량이 가장 많은 자원이에요.
제품: 시멘트·펄프

광물

금속
금과 동, 알루미늄
특징
열과 전기를 전달하기 쉬운 자원이에요.
제품: 자동차와 가전제품

비금속
점토, 석탄석
특징
전기를 통과시키기 어려운 자원이에요.
제품: 도기와 유리

생물

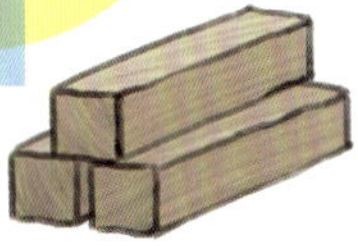

바이오매스
목재 등
특징
태양, 물, 이산화 탄소가 있으면 지속적으로 자원을 만들어 내요.

바이오매스
인간이 생활할 때 필요한 자원으로 이용되는 생물을 가리켜요. '생물 자원'이라고도 해요.

바이오매스 에너지
태우면 이산화 탄소가 발생하지만, 그 이산화 탄소는 원래 식물이 흡수한 이산화 탄소이기 때문에 대기 중 이산화 탄소의 양에 영향을 주지 않는 에너지예요.

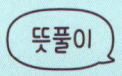

뜻풀이

석유도 사재기를 한다고?

제2차 오일 쇼크로 기름을 사려고 몰려든 사람들

오일 쇼크의 공포

이 사진은 1970년대 말 오일 쇼크 때의 모습이에요. 중동(서아시아 부근)에서 분쟁이 일어나 석유를 정제한 원유 가격이 크게 올랐어요. 게다가 세계 석유 공급의 15%를 차지하던 이란이 석유 수출을 금지하자, 석유 매점매석 현상이 일어났어요. 우리나라 사람들도 국내 석유값 인상 소식이 전해지자 미리 기름을 사 두려고 주유소로 몰려들었다고 해요.

● 석유는 어디에 사용해요?

석유는 다양한 곳에 사용되어요. 화력 발전소와 가정에서의 난방·난로 등의 열원으로 주로 사용돼요. 또 자동차·비행기·배 등을 움직이는 동력원, 그 밖에는 세제나 플라스틱 등 화학 제품의 원료로도 사용되고 있어요.

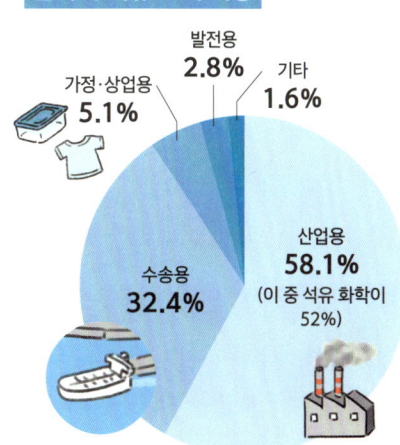

한국의 석유 소비 비중
- 발전용 2.8%
- 기타 1.6%
- 가정·상업용 5.1%
- 수송용 32.4%
- 산업용 58.1% (이 중 석유 화학이 52%)

어떻게 하면 사용량을 줄일 수 있을까?

석유의 역사

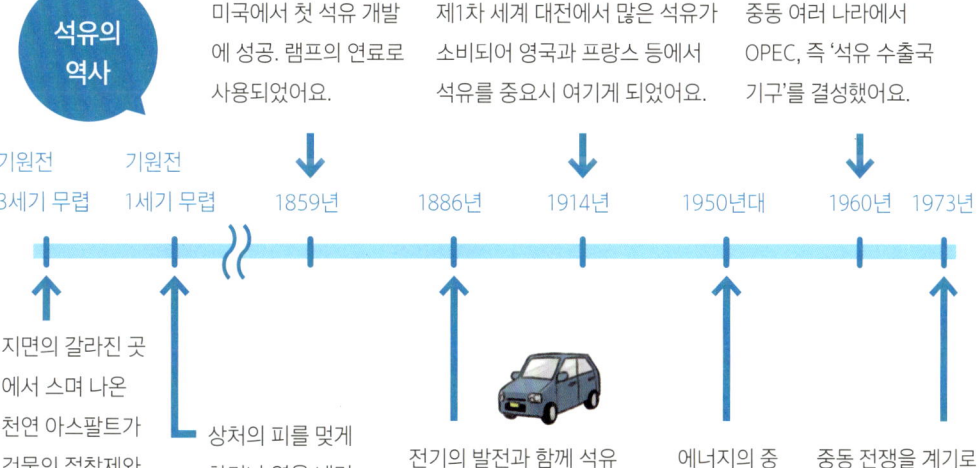

| 기원전 3세기 무렵 | 기원전 1세기 무렵 | 1859년 | 1886년 | 1914년 | 1950년대 | 1960년 | 1973년 |

- **기원전 3세기 무렵**: 지면의 갈라진 곳에서 스며 나온 천연 아스팔트가 건물의 접착제와 미이라의 방부제로 사용되었어요.
- **기원전 1세기 무렵**: 상처의 피를 멎게 하거나 열을 내리는 약으로 사용했어요.
- **1859년**: 미국에서 첫 석유 개발에 성공. 램프의 연료로 사용되었어요.
- **1886년**: 전기의 발전과 함께 석유를 자동차의 연료로 사용하기 시작했어요. 증기로 움직이던 자동차가 석유 자동차로 바뀌었어요.
- **1914년**: 제1차 세계 대전에서 많은 석유가 소비되어 영국과 프랑스 등에서 석유를 중요시 여기게 되었어요.
- **1950년대**: 에너지의 중심이 석탄에서 석유로 바뀌었어요.
- **1960년**: 중동 여러 나라에서 OPEC, 즉 '석유 수출국 기구'를 결성했어요.
- **1973년**: 중동 전쟁을 계기로 오일 쇼크가 일어나 중동의 나라들이 석유를 지키려고 가격을 올리자 전 세계는 불황에 빠졌어요.

◉ 새로운 에너지

우리는 생활 속에서 많은 에너지를 사용해요. 대부분은 화석 연료에서 만들어지는 거예요. 그러나 천연가스와 석유 등의 화석 연료는 결국 한계에 다다라 전 세계에서 사라져 버리게 될 거예요. 그래서 새롭게 주목을 받는 에너지원이 있어요.

메탄 하이드레이트

메탄 하이드레이트는 메탄과 물이 함께 이루어진 화합물로, 우리나라와 가까운 일본 근해의 해저에만 천연가스의 수십 배나 되는 양이 있으며, 천연가스 사용량의 100년분에 해당하는 에너지원으로 알려져 있어요. 그러나 그것을 채굴하는 방법이 상당히 어려워서 실용화가 되고 있지는 않아요. 메탄 하이드레이트는 태웠을 때 발생하는 이산화 탄소가 석유와 석탄에 비해 적은 것도 특징이에요.

불을 붙이면… **탄다!**

모습은 얼음이랑 닮았어.

셰일 가스

셰일 가스란 지중해에 묻혀 있는 천연가스를 말해요. 얇은 퇴적암 사이에 흡착되어 있는데, 최근 수년 동안 채굴 방법을 연구했어요. 현재 미국, 멕시코, 아르헨티나 등에서 채굴하고 있어요. 한국에서는 셰일 가스가 나지 않기 때문에 수입에 의존해야 해요.

자원량 평가를 받은 셰일 가스 분지

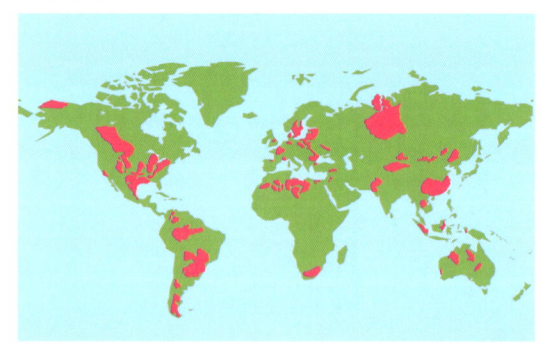

새로운 에너지도 천연자원이니까 채굴량에는 한계가 있어.

빨간 색이 칠해진 곳에 셰일 가스가 있어.

● 자원을 소중하게 사용하기 위해서

전기 에너지는 우리 삶에 꼭 필요합니다. 그러나 계속해서 사용하면 언젠가 없어져 버리고 맙니다. 한 사람 한 사람의 작은 마음가짐을 통해서 미래의 지구에 에너지를 남길 수 있어요. 자원이 없어지는 날을 늦추려면 당장 무엇부터 시작해야 할까요?

엘이디(LED) 전구를 사용하자

백열전구에 비해 적은 에너지로 밝게 비출 수 있어요. 거리에 있는 각종 신호기도 엘이디로 교환하고 있어요.

너무 덥거나 너무 시원하게 하지 말아요

실내 온도는 여름에 28℃, 겨울에는 20℃ 정도로 설정해서 너무 시원하거나 너무 덥지 않게 해요.

대기 전력을 없애요

텔레비전, 에어컨 같은 가전제품은 사용하지 않을 때는 주전원을 반드시 끕시다. 전원이 꺼져 있어도 플러그가 꽂혀 있으면 전력이 사용되기 때문이죠.

전기 사용 시간을 줄여요

밤에는 빨리 자고 조명을 끄는 아침형 생활을 합시다. 자연광으로 밝을 때는 전기를 켜지 않는 게 좋겠죠.

에너지 절약 가전제품을 사용합시다

텔레비전과 냉장고, 에어컨은 오래될수록 전기 사용량이 많을 수 있어요. 에너지 절약형 가전제품을 선택합시다.

에어컨은 자주 켜고 끄면 전력을 더 많이 사용하게 돼!

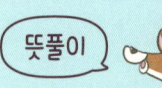  뜻풀이

흡착

기체와 액체가 고체의 표면에 일정한 힘으로 머무르는 것.

대기 전력

사용하지 않아도 전원을 꽂은 상태라면 소비가 되는 전력.

함께 생각해요

우주에서
태양광 발전을!

2024년 현재, 전 세계적으로 우주 태양광 발전 시스템(SSPS) 연구가 진행되고 있어요. 밤낮이 없는 우주에서는 종일 태양 빛을 모을 수 있는데, 이것을 이용하는 연구가 진행 중입니다. 우주 공간에 큰 태양 전지와 마이크로파 송전 안테나를 배치해 태양광 에너지를 전기에서 마이크로파로 변환한 후 지구에 설치한 안테나로 송전합니다. 그리고 지상에서 전력으로 바꾸는 방법이에요. 이 아이디어는 1968년에 미국에서 제안해 화석 연료에 의존하지 않는 궁극의 발전 방법으로 주목을 받았어요. 각국에서 다양한 아이디어를 내며 연구했는데, 일본 이외에서는 비용과 정치적 문제로 중단되고 말았어요.

우주 태양광 발전 시스템은 지구보다도 태양에 가깝기 때문에 보다 강한 태양광을 이용할 수 있다는 점, 밤낮과 날씨에 좌우되지 않는 점, 자연재해의 영향을 받지 않는 점 등의 장점이 있어요. 우주로 태양 전지를 어떻게 전송할 것인지와 같이 해결해야 하는 문제도 많지만, 재생 에너지의 새로운 선택지 가운데 하나입니다.

4장
물·공기·흙을 보호하자

바닷물은 무한대야? — 108

공장에서 나온 물은 왜 더러운 걸까? — 112

거북이가 비닐봉지를 먹는다고? — 116

바다는 무엇이든 분해해? — 122

비료와 농약이 있으면 채소는 건강하게 자라? — 126

산소가 없으면 우리는 존재하지 않아! — 130

햇볕을 쬐면 몸에 좋은 거 아니야? — 134

눈물을 흘리는 동상? — 138

바깥에서 눈이 따끔따끔한 이유는? — 144

바닷물은 무한대야?

하와이 바다

바닷물에도 한계가 있어요

지구에 있는 물의 약 97%는 바닷물이에요. 태양으로 따뜻해진 해수는 수증기가 되어 상승해요. 상공의 찬 공기를 만나 차가워진 수증기는 비와 눈이 되어 지상으로 내려오고, 강으로 들어가 다시 바다로 돌아갑니다. 순환하는 바닷물은 무한할 거로 생각하지만, 해양판(지구 표면을 구성하는 10여 개의 거대한 암판 가운데 대양 지각을 포함하는 것)과 함께 지구 내부로 계속 빨려 들어가고 있기 때문에, '앞으로 6억 년이면 바닷물이 없어질 가능성이 있다'는 연구 결과도 발표되었어요. 물도 한계가 있는 자원인 거죠.

○ 지구에는 어느 정도의 물이 있어요?

지구를 순환하는 물에는 해수, 하천수, 지하수, 빗물 등 여러 형태가 있고, 전체적으로 14억km³의 물이 존재해요. 지구 표면은 71%가 물로 덮여 있기 때문에 지구를 '물의 행성'이라고도 해요. 그러나 지구에 있는 물 대부분이 해수입니다. 염분이 없는 담수는 매우 귀중한 자원인 데다가 세계에 균등하게 존재하지 않기 때문에 강수량이 적거나 증발량이 많거나 하면 심각한 물 부족 현상이 발생해요. 1900년 이후, 세계의 물 소비량은 약 다섯 배로 늘어났어요. 또 세계의 물 수요는 인구 증가율의 두 배나 되는 속도로 늘어나고 있고요. 현재 물 부족 현상은 모든 대륙에서 나타나며, 12억 명에게 영향을 미치고 있어요.

○ 마실 수 있는 물은 적어요!

지구에 존재하는 물 가운데 마실 수 있는 담수는 겨우 3% 정도예요. 게다가 그중 3분의 2는 고산과 남극 대륙, 그린란드의 빙상과 빙하 등에 갇혀 있어요. 남은 3분의 1은 거의 전부가 땅속 깊은 곳의 지하수이며, 대부분은 인간의 손이 닿지 않는 곳에 있죠. 따라서 우리가 바로 이용할 수 있는 강물과 지하수는 지구상에 있는 모든 물의 겨우 0.01~0.02% 정도예요. 이렇게 아주 적은 양의 물로 식수와 생활용수, 농업과 공업용 물을 공급하는 것이에요. 미국과 아라비아반도 등에서는 농업에 물을 사용하기 때문에 지하수가 없어지는 지역도 있어요. 한국의 수자원은 연간 강수량이 1,283㎜로 세계 평균(973㎜)보다 1.3배나 많지만, 높은 인구 밀도로 인해 1인당 수자원 강수량은 세계 평균의 12%에 불과해 국제적으로 물 부족 국가로 분류되고 있어요.

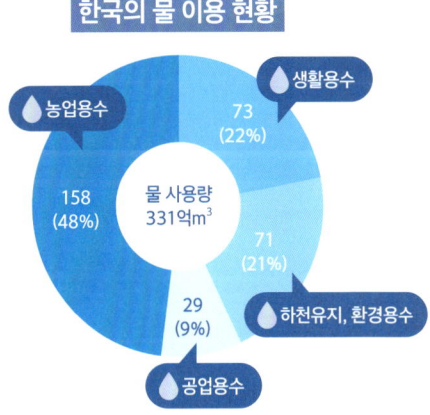

한국의 물 이용 현황
- 생활용수 73 (22%)
- 농업용수 158 (48%)
- 하천유지, 환경용수 71 (21%)
- 공업용수 29 (9%)
- 물 사용량 331억m³

물이 없으면 농작물도 키울 수 없어.

◯ 지구 환경을 윤택하게 하는 물

지구를 덮고 있는 물은 태양 열에 의해 모든 곳에서부터 증발해 구름이 되고 결국은 비와 눈이 되어 지상으로 쏟아집니다. 빗물은 대지에 스며들어 지하수와 강물이 되어 흘러가죠. 눈의 일부는 그대로 남아 봄에서 여름에 걸쳐 녹기 시작하고, 비가 적은 시기에 강으로 흘러갑니다. 그런 다음 사람들에 의해 여러 가지 형태로 이용되고 또다시 바다로 돌아갑니다. 그 사이에 물은 대기와 지표에 있는 물질을 녹여서 함께 운반됩니다. 증발함으로써 물은 정화되고 다시 지상으로 내려서 우리의 삶을 유지해 주죠.

물이 순환하는 구조

숲
산림은 내린 빗물을 모으고 깨끗하게 하기 때문에, 숲을 '녹색 댐'이라고도 합니다. 빗물은 긴 시간에 걸쳐 땅에 스며들어 지하수가 돼요. 또 숲이 댐의 작용을 함으로써 강이 넘치지 않게 해 홍수와 산사태를 막아 줍니다.

지하에 스며들어요

강
지하수가 솟아 나와 강이 되어 흘러가요.

◯ 안전한 물이 부족해요

유니세프와 세계 보건 기구(WHO)가 실시한 식수 조사(2017년)에 따르면, 세계 인구의 71%(약 53억 명)는 안전하게 관리된 식수를 이용하고 있어요. 한편 오염된 수원을 이용하는 사람은 20억 명 이상으로 오염된 물은 콜레라와 이질, 소아마비 등의 감염원이 돼요. 오염된 식수 탓에 매년 48만 5천 명이 설사성 질환으로 사망하고 있어요. 또 세계에는 충분히 물을 얻을 수 없기 때문에 발전에 어려움을 겪는 지역도 있어요. 안전한 물을 가져다주는 생태계가 파괴되면 사태는 더욱 악화되어, 2025년까지 세계 인구의 반 정도가 수자원이 부족한 지역에 살게 될 것으로 예측하고 있어요.

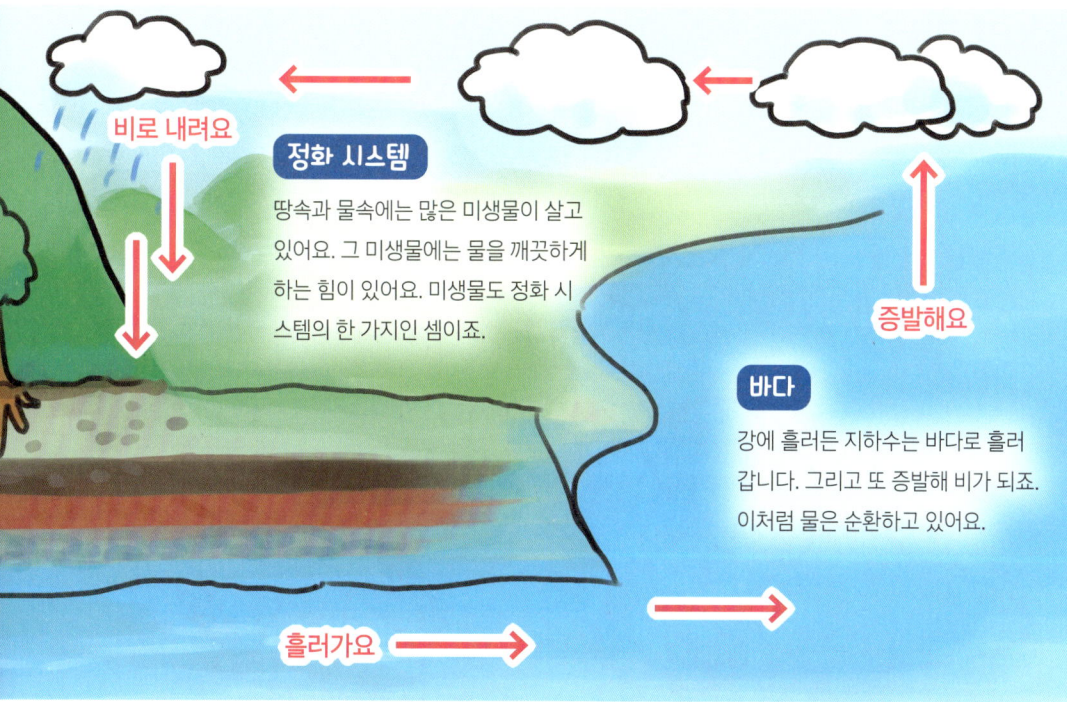

4장 ● 물·공기·흙을 보호하자

정화 시스템
땅속과 물속에는 많은 미생물이 살고 있어요. 그 미생물에는 물을 깨끗하게 하는 힘이 있어요. 미생물도 정화 시스템의 한 가지인 셈이죠.

비로 내려요

증발해요

바다
강에 흘러든 지하수는 바다로 흘러갑니다. 그리고 또 증발해 비가 되죠. 이처럼 물은 순환하고 있어요.

흘러가요

○ 해수에서 식수를 만들어요

중동과 아프리카 등의 건조한 지역을 중심으로 물 부족이 심각해지는 가운데 1960년대부터 해수 담수화 플랜트를 건설하기 시작했어요. 2019년에는 177개국의 1만 6천 개 장소에 설치되어 매일 9,500만m³의 담수를 생산하고 있어요.

물은 증발과 순환으로 깨끗이 정화되어 우리 생활을 뒷받침하고 있어.

 뜻풀이

담수
염분을 포함하지 않는 물.

해수 담수화 플랜트
해수를 처리해 담수를 만들어 내는 설비.

공장에서 나온 물은 왜 더러운 걸까?

물건을 만들면서 사용한 물은 더러워지기 때문이에요

공업 제품과 식품을 만드는 공장에서는 대량의 물을 사용해요. 공장에서 사용되는 이런 물을 '공업용수'라고 해요. 공업용수는 원료로 사용하거나, 제품 제조 과정에서 정화할 때 사용하거나, 온도와 습도를 조절할 때 사용해요. 공업용수는 제품의 제조 과정에서 매우 중요하기 때문에 '산업의 혈액'이라고 불려요. 사용이 끝난 물은 오염되었거나 세제 외에도 여러 가지 화학 약품이 섞여 있는 경우가 많아요.

🟡 공장에서 나온 물은 어디로 갈까요?

공장에서 나온 물은 직접 강으로 흘러 나가거나 땅에 스며들어 지하수가 돼요. 지금 가동 중인 공장들뿐만 아니라, 과거에 공장이 있던 토지에 남아 있던 유해한 물질이 땅에 스며들어 지하수에 섞여 버리는 경우도 있어요. 오염된 지하수를 마시면 몸에 나쁜 영향을 줍니다. 또 오염된 지하수가 강과 바다로 흘러가 오염을 시켜요.

> 오염된 물은 결국 우리에게 돌아오는구나.

🟡 배수도 재활용

공장 배수에 대한 기준이 엄격해지자 공장에서도 배수를 깨끗이 처리하려고 노력하고 있어요. 공업용수 사용량은 매년 늘고 있지만, 재활용 기술이 발달해 많은 공장에서 사용한 후의 배수를 깨끗이 정화해 반복해서 몇 번이고 사용하게 되었어요. 그 결과, 1970년에 약 36%였던 배수 재활용의 비율이 2015년에는 약 78%로 크게 향상되었어요.

🟡 새로운 문제

개인용 컴퓨터와 스마트폰에 사용되는 반도체는 만들 때에 많은 물과 약품이 필요한 제품이에요. 앞으로 생산이 확대되면 하수도 시설을 갖추지 않은 지역에 큰 공장이 건설되어 배수가 충분히 정화되지 않을 우려가 있어요.

> 공장 배수에 의한 공해는 개선되었지만 새로운 과제도 생겨나고 있어.

뜻풀이

반도체
많은 정보를 순간적으로 처리할 수 있는 정밀 기계. 개인용 컴퓨터와 스마트폰에 사용해요.

◯ 물이 오염되는 이유

산업 배수

공장에서 나오는 공업 배수와 농업과 축산 등에서 나오는 농업 배수를 합해서 '산업 배수'라고 해요. 그중 공업 배수에는 강한 산과 금속이온 등 공해의 원인이 되는 물질이 포함되죠. 또 농지와 목장에서도 농약이 섞인 오염된 물이 흘러나오고 있고요. 세제나 농약에 포함된 질소와 인이 바다와 호수에 대량으로 흘러들면 '부영양화'가 일어나 어업에도 큰 영향을 미칩니다.

생활 배수

식기 세척기와 화장실, 목욕탕 등 우리는 매일 더러워진 물을 흘리고 있어요. 이들 물에는 음식 찌꺼기와 기름, 세제 등이 포함돼요. 이처럼 인간이 다 쓰고 흘린 물을 '생활 배수'라고 해요. 서울의 경우 한 사람의 하루 평균 물 사용량은 276L나 됩니다. 생활 배수는 하수도로 흘러가서 하수 처리장에서 오염을 제거한 후에 강과 바다로 흘러갑니다. 그러나 하수도를 갖추지 않은 지역에서는 더러워진 물을 그대로 흘려 버리고 있어요. 하수도가 완벽히 정비되지 않은 지역도 있기 때문에 생활 배수는 바다와 강을 더럽히는 큰 원인이 되어요.

◯ 깨끗하게 하려면

강과 바다에는 오염을 정화하는 미생물이 살기 때문에 더러워진 물이라도 시간이 지나면 깨끗해집니다. 그러나 식품과 세제가 섞이면 미생물이 다 분해하지 못해 물은 좀처럼 깨끗해지지 않습니다. 겨우 20ml의 튀김 기름이라도 물고기가 살 수 있는 깨끗한 물로 되돌리는 데 600L의 물이 필요하다고 해요. 우리가 음료수와 세제를 흘려 버린 물을 물고기가 살 수 있는 수질로 돌리기 위해서는 대량의 물이 필요하다는 말이죠.

많은 물이 필요해요

우리가 먹고 남긴 한 그릇의 된장국이라도 배수구로 흘려 버리면 1,310L가 필요해요. 즉 욕조 4.7개 분의 물을 사용해야만 물고기가 살 수 있는 깨끗한 물이 되어요. 우리가 아무렇지 않게 흘려 버리는 것을 깨끗하게 하려면 어느 정도의 물이 필요한지 살펴보아요.

욕조 1개
300L

욕조 10개
3,000L

◯ 사람이 더럽히는 물

❶ 해수

공장과 가정, 농업용지 등에서 오염된 배수가 흘러들면 바다는 더러워져 버려요. 또 쓰레기를 버리거나 석유가 흘러나오는 선박 사고도 바다를 더럽혀요. 식물 플랑크톤이 대량으로 발생해 일어나는 적조 역시 바다로 흘러 나간 질소와 인이 원인입니다.

❷ 강과 호수의 물

자동차의 배기가스와 공장에서 나오는 연기 등에 포함된 유해한 화학 물질이 대기 중으로 퍼져서 비와 눈에 녹으면 산성비가 돼요. 산성비는 땅의 성질을 바꾸거나 콘크리트를 녹이거나 할 뿐만이 아니라, 강과 호수에 내리면 물고기가 죽어 버리는 등의 여러 가지 악영향을 미칩니다.

❸ 지하수

중금속과 농약, 기름 등의 유해한 물질이 지하수를 오염시키고 있어요. 오염된 지하수는 자연환경과 사람의 건강에도 영향을 미칩니다. 그리고 최근 세계적으로 문제가 되는 것이 셰일 가스의 채굴이에요. 셰일 가스를 채굴할 때에 대량의 물을 사용하기 때문에 지하수와 수원이 더러워질 수 있어요.

사용한 튀김 기름 (20ml)
→ 욕조 20개분

마요네즈 1큰술 (15ml)
→ 욕조 13개분

우유 1컵 (20ml)
→ 욕조 11개분

된장국(감자) 한 공기 (180ml)
→ 욕조 4.7개분

샴푸 1회분 (4.5ml)
→ 욕조 0.67개분

주방용 세제 1회분 (4.5ml)
→ 욕조 0.67개분

4장 ● 물·공기·흙을 보호하자

거북이가 비닐봉지를 먹는다고?

먹이로 착각해서 비닐을 먹고 있는 바다거북

먹이인 해파리나 해초로 착각하기 때문이에요

바다에 사는 생물들은 플라스틱을 먹이로 착각해서 삼켜 버리곤 해요. 예를 들면 비닐봉지는 수중에서 헤엄치는 해파리처럼 보이기 때문에 해파리를 좋아하는 바다거북이 먹이로 착각하고 먹어 버리는 것이에요. 바다거북의 위 속에 들어간 플라스틱은 분해되지 않고 그대로 있어요. 그 결과, 바다거북은 새로운 먹이를 먹지 못해 죽게 되죠.

● 계속 늘어나는 해양 쓰레기

해안에 밀려온 '표착 쓰레기', 해면과 바닷속을 떠도는 '표류 쓰레기', 해저에 가라앉아 쌓인 '해저 쓰레기'를 합해서 '해양 쓰레기'라고 해요. 세계 자연 기금(WWF)에 따르면, 매년 점보 제트기 5만 대분의 무게에 해당하는 800만 톤의 쓰레기가 새롭게 바다로 유입되고 있어요. 플라스틱은 분해되기 어렵기 때문에 이 대량의 쓰레기는 바닷속에 계속 머물게 되어요.

● 하와이의 자외선 차단제 금지법

하와이에서는 아름다운 산호초를 지키기 위해서 화학 물질이 포함된 자외선 차단제 사용을 법률로 금지했어요. 자외선 차단제에는 옥시벤존과 옥티녹세이트라고 하는 화학 물질이 들어 있는데, 피부에서 흘러내려 바다에 섞이면 산호를 하얗게 만들어 버려요. 산호가 하얗게 되면 산호의 세포에 들어가 광합성을 하던 해조도 사라지기 때문에, 산호는 영양이 부족해져 죽고 맙니다. 현재 하와이뿐만 아니라 팔라우 등 많은 곳에서 환경 보호를 위해 자외선 차단제를 금지하고 있어요.

● 해양 쓰레기 대부분이 플라스틱

해양 쓰레기에는 여러 종류가 있는데 가장 많은 것은 낚시 관련 용품과 페트병, 식품 용기, 포장용 비닐 등 플라스틱 제품이에요.

플라스틱 쓰레기는 바다의 생물과 생태계에 큰 영향을 미쳐요. 해양 쓰레기 때문에 약 700종의 바다 생물이 피해를 입고 있어요. 그중 92%가 플라스틱 쓰레기로 바다거북의 52%, 바닷새의 90%가 플라스틱을 먹고 있다고 해요.

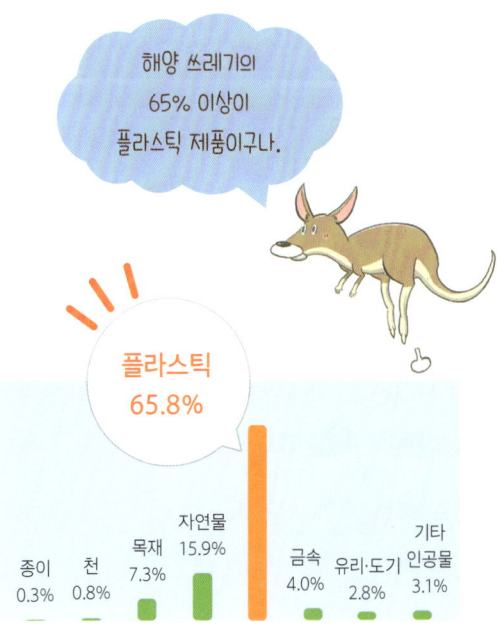

해양 쓰레기의 65% 이상이 플라스틱 제품이구나.

플라스틱 65.8%

종이 0.3% / 천 0.8% / 목재 7.3% / 자연물 15.9% / 금속 4.0% / 유리·도기 2.8% / 기타 인공물 3.1%

🟡 바다의 역할

지구 표면은 바다가 대부분을 차지하고 있고 상하좌우로 빙글빙글 물이 순환하고 있어요. 바다는 두 가지 중요한 역할을 해요. 첫 번째는 기후의 안정화입니다. 과거 1만 년 동안 지구의 기온에 큰 변동이 없던 것은 심해에서 차가워진 해수와 태양에 의해 따뜻해진 해수가 천천히 순환한 덕분이에요. 두 번째는 이산화 탄소의 흡수입니다. 인간이 생활하며 배출하는 이산화 탄소의 약 세 배가 바다로 흡수되는데, 이에 따라 지구 온난화의 속도가 조금 늦춰지고 있어요. 그러나 앞으로도 같은 양의 이산화 탄소를 흡수할 수 있을지는 확실하지 않습니다.

🟡 바다는 생명의 보고

바다에는 어류 이외에 고래와 돌고래 같은 바다짐승부터 해파리와 말미잘 같은 자포동물, 새우와 게 같은 절지동물 등 다양한 종류의 생물이 살고 있어요. 넓은 바닷속에 약 1,000만 종류 이상의 생물이 살고 있다고 알려져 있지만 정확하게 밝혀진 건 아니에요. 육지에 사는 생물은 대략 100만 종으로, 그 가운데 85%가 곤충이라고 해요. 육지와 바다 생물의 종류를 비교해 보면, 바다의 풍족함을 잘 알 수 있어요.

🟡 물고기 소비량이 늘고 있어요!

매년 우리 인간이 어패류를 먹는 양은 늘어나고 있어요. 운송 기술이 발전하면서 바다가 없는 지역에서도 물고기를 먹을 수 있게 된 점, 개발 도상국에서도 영양가 높은 물고기를 먹는 사람이 늘어난 점, 그리고 물고기가 건강에 좋다고 밝혀진 점이 이 유입니다. 그러나 먹는 양이 늘어나면서 물고기를 지나치게 많이 잡는 것도 문제가 되고 있어요.

세계의 물고기 자원
- 아직 잡을 여유가 있는 물고기 7.0%
- 충분히 이용하고 있는 물고기 59.9%
- 너무 많이 잡고 있는 물고기 33.1%

○ 우리에게 미치는 영향

해양 쓰레기로 바다가 오염되고 해양 생물이 살기 어려운 환경이 되면 어획량이 줄어 어업이 쇠퇴하며, 해양 환경이 더 나빠지는 악순환이 계속될 거예요.

❶ 해조 숲이 줄어요
해양 쓰레기로 바다가 더러워지고 물고기와 조개의 산란 장소인 해조 숲이 줄어들면, 알을 낳지 못하게 되거나 어린 조개와 어린 물고기가 성장하지 못해 생물의 수가 줄어듭니다.

❷ 어획량이 줄어요
해양 생물의 생태계 균형이 무너지면 지금까지 잡아 왔던 어패류 수가 감소해 우리 식탁에 오르는 어패류도 줄어들고 맙니다.

❸ 어업자가 줄어요
잡을 수 있는 어패류가 줄면 어부 같은 어업자는 계속해서 일을 하지 못해 그만두게 됩니다.

❹ 해양 환경이 더욱 악화되어요
어업자는 어장 관리와 해양 쓰레기 회수 등의 환경 보호도 하고 있어요. 그렇기 때문에 어업자가 줄면 바다는 더욱 오염이 심해질 거예요.

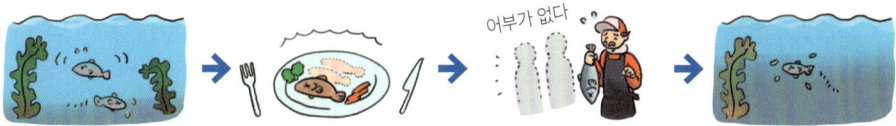

물고기를 너무 많이 잡으면 안 되지만 어부가 없어지는 것도 바다한테는 좋지 않구나.

세계 자연 기금(WWF)
지구상의 생물 다양성을 보호하고, 사람과 자연이 조화롭게 살 수 있는 미래를 목표로 하는 환경 보호 단체.

바다짐승(해수)
바다에 사는 포유류. 부모와 거의 같은 모습으로 태어나며 모유를 먹고 자라요.

해조 숲
연안역(해안선을 경계로 특정 범위의 해안 지역과 육지 지역으로 구성된 공간)의 해저에서 해조가 무성한 장소. 파도가 온화하고 먹이가 풍부하기 때문에 여러 생물의 산란·생육 장소, 숨을 장소가 되어요.

◯ 모든 오염은 바다로 이어져요!

우리 인간이 오염시킨 공기·흙·물은 최종적으로 바다로 흘러갑니다. 바다에는 오염을 깨끗하게 하는 정화 시스템이 있어요. 하지만 감당하기 어려운 양의 오염 물질이 바다로 흘러들고 있어서 문제예요.

화석 연료 사용

대기 오염
화석 연료를 사용하면 대량으로 이산화 탄소 등이 발생해 대기가 오염돼요. 그 오염된 대기(공기)가 원인이 되어 산성비가 내립니다.

공장 배수

토양 오염
농약과 공장에서 나온 더러운 물 탓에 땅이 오염돼요. 땅에 스며든 유해한 물질이 비 등에 의해서 지하수, 강, 호수로 흘러듭니다.

농약

4장 ● 물·공기·흙을 보호하자

해양 쓰레기
바다에 버려진 쓰레기뿐만이 아니라 거리에 버려진 쓰레기 등도 빗물에 쓸려 바다를 떠돕니다. 해양 쓰레기의 90%가 플라스틱 쓰레기예요.

강과 호수에 흘러든다

해양 오염
지구에 존재하는 모든 것은 최종적으로 바다에 다다릅니다. 즉 대기 오염, 토양 오염, 수질 오염 등도 바다에 이르기 때문에 바다가 더러워지는 것입니다. 또 물은 순환을 하기 때문에 오염된 물이 증발해 비가 되어 다시 공기 중으로 되돌아갑니다. 물의 순환처럼 오염도 계속 순환하는 셈이죠.

지하수

수질 오염
산성비와 공장 배수 등으로 강과 호수, 지하수가 오염되는 것을 '수질 오염'이라고 해요.

산성비

121

바다는 무엇이든 분해해?

유해 물질도 분해할 수 있어요

물에는 많은 것을 분해하는 힘이 있어요. 비는 공기 중의 여러 가지 물질을 녹여서 공기를 깨끗하게 해요. 또 강물도 지표의 물질을 녹여서 흐르게 하죠. 빗물과 강물에 녹은 모든 물질에는 유해한 것도 있는데 이들은 최종적으로 바다로 가요. 즉 바다와 갯벌은 환경을 오염시키는 유해 물질이 쌓이는 장소이며 동시에 오염 물질을 분해하는 재생 장치이기도 해요.

◯ 왜 바다가 더러워져요?

바다가 더러워지는 건 쓰레기를 불법으로 투기하거나, 선박 사고로 석유가 유출되거나, 생활 배수와 농약처럼 화학 물질을 포함한 산업 배수가 계속해서 유입되기 때문이에요.

❶ 해양 쓰레기

❷ 선박 사고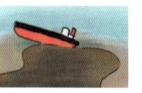

❸ 생활 배수

❹ 화학 물질

4장 ● 물·공기·흙을 보호하자

◯ 바다가 더러워지면 어떻게 돼요?

유해한 물질이 점점 진해지는 생물 농축

해양이 오염되어 바다에 사는 플랑크톤이 유해한 물질을 먹게 되면, 그것을 먹는 물고기도 유해한 물질을 먹게 되어요. 그런데 유해한 물질은 체내에서 분해되지 않고, 농도가 진해지면서 체내에 축적되는 '생물 농축'이 일어나요. 오염된 물고기를 바다표범과 새처럼 큰 생물이 먹게 되면 생물 농축은 더더욱 증가해 결국 생물이 죽게 되죠.

부영양화 때문에 물고기와 조개가 호흡하지 못하게 돼요

공장과 가정의 배수가 바다와 강에 많이 흘러들면 '부영양화'라는 현상이 일어납니다. 부영양화된 호수와 바다에서는 식물 플랑크톤이 대량으로 늘어나 물이 빨갛게 되는 '적조' 현상이 나타나요. 적조가 발생하면 플랑크톤이 물고기의 아가미에 붙거나 대량의 산소를 소비해 물고기와 조개가 수중에서 호흡하지 못하고 죽게 돼요.

바다가 더러워지면 어업과 인간의 건강에도 영향을 끼치는구나.

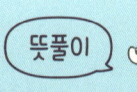
갯벌

뜻풀이

썰물이 빠질 때 나타나는 해안의 모래사장. 바다에 흘러드는 오염 물질을 깨끗하게 하는 효과가 있어요.

123

🟡 선박 사고에 따른 유출

전 세계에서 일어나는 기름 유출 탓에 해양이 오염되고 있어요. 유조선의 좌초·충돌·화재 같은 사고는 대량의 기름을 유출해 해양 오염의 주요 원인이 된답니다. 이러한 오염은 세계의 중요한 유조선 항로 일대에서 집중적으로 발생하고 있죠. 기름은 해양 생물이 죽어 버리는 원인이 될 뿐만이 아니라 해양 환경 그 자체를 위협합니다.

2020년 7월, 서인도양의 섬나라 모리셔스의 앞바다 부근에서 일본 기업이 운행하는 대형 화물선이 좌초해 연료인 중유 약 1,000톤이 유출되었어요. 모리셔스 해안은 세계적으로도 드문 풍족한 산호초와 맹그로브 숲이 펼쳐져 있고, 많은 종류의 다양한 생물이 사는 곳이에요. 풍족한 생태계에 미치는 영향이 너무도 심각해 회복하는 데 수십 년이나 걸려요. 또 2010년에 멕시코만에서 일어난 딥워터 호라이즌 사고에서는 약 40만 톤의 원유가 유출되었어요. 플랑크톤에서부터 돌고래에 이르기까지 몇천 종이나 되는 생물이 희생되었어요.

🟡 물고기를 사는 것만으로도 할 수 있는 공헌?

바다를 지키기 위해 간단히 할 수 있는 일은 많습니다. 플라스틱 쓰레기를 버리지 않는 것은 물론이지만, 물고기를 살 때 주의를 기울이는 것만으로도 바다를 지킬 수 있어요. 한정된 자원을 지키기 위해서라도, 간단한 일부터 시작해 봅시다.

수산 에코 라벨 인증 상품을 고른다

환경 친화적 방법으로 인증된 수산물을 소비자가 선택하는 시스템으로 '수산 에코 라벨'이 있어요. 바다의 자연과 자원을 소중히 여기며 잡은 수산물에 주는 에코 라벨 'MSC 인증'과 환경과 사회를 배려한 양식장에서 생산한 수산물에 주는 에코 라벨 'ASC 인증'이 유명해요. 소비자는 이 마크가 붙은 수산물을 선택함으로써, 세계의 해양을 보호하는 일을 간접적으로 응원할 수 있어요.

필요 이상으로 수산물을 잡지 않으면 식품 로스 문제도 해결할 수 있어.

○ 바다를 지키는 노력

SDGs의 14번째 목표는 '바다의 풍족함을 지키자'예요. 해양 쓰레기의 유입과 부영양화 등의 해양 오염을 막고, 바다와 연안의 생태계를 지키고 회복시키기 위한 대책을 연구하고 있어요. 세계 각국에서 해양 쓰레기를 줄이기 위해 노력하고 있어요.

유럽 연합(EU)
플라스틱 전략

2018년에 유럽 연합은 해양 오염을 막기 위한 '플라스틱 전략'을 발표했어요. 2030년까지 일회용 플라스틱 용기와 포장을 없애고, 모든 것을 재활용 또는 소재로 재활용할 것을 목표로 한 내용이에요. 이 목표를 달성하기 위해서 적당한 가격으로 대용품을 구할 수 있는 플라스틱 제품, 예를 들면 플라스틱으로 만든 빨대와 면봉의 대 그리고 포크와 접시 등의 유통을 금지했어요. 그 밖에 플라스틱으로 만든 고기잡이 도구 쓰레기의 회수와 재활용 비용의 일부를 각국이 부담하게 했고, 2029년까지 플라스틱으로 만든 음료용 페트병의 90%를 회수하도록 의무화했어요.

미국
마이크로 비즈 규제

마이크로 비즈는 지름 0.5mm 이하의 플라스틱 입자를 말하며, 세안제·치약·화장품 등에 널리 이용되었어요. 마이크로 비즈에는 유해 물질을 흡수하는 성질이 있지만, 무척 작기 때문에 제거되지 못한 채 그대로 강을 통해 바다로 흘러들어요. 유해 물질을 흡수한 마이크로 비즈는 환경을 오염시킬 뿐만 아니라, 생물 농축으로 인간에게 영향을 미치기도 해요. 미국에서는 2017년부터 마이크로 비즈를 포함한 제품의 제조를 금지했고, 2018년에는 제품 판매도 전면 금지했어요.

바다를 지키기 위해서 그 밖에 어떤 일을 할 수 있을까?

뜻풀이

MSC
해양 관리 협의회(Marine Stewardship Council)의 줄임말. '지속 가능한 어업'을 실행하는 어업자를 인정하고 있어요.

ASC
수산 양식 관리 협의회(Aquaculture Stewardship Council)의 줄임말. '양식장에서 식탁까지'를 주제로 해 환경과 사회에 나쁜 영향을 주지 않는 양식장을 전 세계에서 인정하고 있어요.

비료와 농약이 있으면 채소는 건강하게 자라?

땅이 오염되면 채소가 제대로 자랄 수 없어요

땅이 유해한 물질에 오염되면 농작물이 자라지 않게 될 뿐만 아니라 우리 건강에도 나쁜 영향을 미쳐요. 지금 전 세계에서 농작물의 수확량을 올리기 위해 비료와 농약을 사용해 채소와 과일을 키우고 있어요. 화학 비료와 농약을 지나치게 사용하면 땅이 작물을 키우는 힘이 점점 약해져요. 이대로 가면 채소가 제대로 자라지 않게 될지도 모릅니다.

🌕 토양 오염이란?

토양 오염은 인체에 유해한 물질이 땅에 스며들어서 축적된 상태를 말해요. 오염이 되어도 확실한 변화가 없고 눈으로 확인하기 어려운 것이 특징이에요. 그렇기 때문에 우리가 알아채지 못하는 사이에, 토양 오염이 진행되는 경우가 많습니다. 토양이 오염되면 채소 같은 농작물도 오염되어 성장하지 못하거나 우리 몸에 영향이 나타나기도 해요. 게다가 지하수가 오염되거나 생태계 균형이 무너져 버리기도 해요. 또 토양 오염은 다른 오염과 달리 원인이 되는 유해 물질이 이동하기 어렵고, 한 번 토양이 오염되면 설령 원인을 제거해도 그 영향이 오래도록 이어집니다. 토양 오염을 막으려면 유해한 물질을 포함한 농약과 화학 비료를 사용하지 말고 가능한 자연의 힘을 사용하는 것이 중요해요.

🌕 비료와 농약의 지나친 사용

화학 비료와 농약을 지나치게 사용한 땅은 딱딱해져서 물과 비료를 땅속에 남기지 못합니다. 그와 같은 땅에서 농작물을 키우면, 제대로 성장하지 않거나 영양이 적어지죠. 또 화학 비료를 너무 많이 주면 식물이 다 흡수하지 못해서 지하수가 오염되는 일도 있어요.

🌕 건강한 땅에는 많은 영양이 포함되어 있어요

땅속에는 지렁이와 미생물, 식물 뿌리에서 나오는 분비물, 곰팡이인 균사 등이 많아요. 또 땅과 땅 사이에 틈이 있기 때문에 공기와 물이 잘 통하고, 부드럽고 폭신폭신해요. 그와 같은 흙은 채소 같은 농작물 재배(유기 재배)에 적합해요.

좋은 땅에는 많은 미생물이 살고 있구나.

뜻풀이

농약

해충이 작물에 달라붙는 것을 막고, 작물의 성장을 돕기 위해 사용하는 약품. 농도가 너무 강하거나 약하지 않도록 기준이 정해져 있어요. 모든 농약에 유해한 물질이 포함된 건 아니지만, 사용법에 따라서는 해충뿐만 아니라 곤충과 사람에게도 해를 입히게 돼요.

🌕 무엇이 땅을 더럽혀요?

토양 오염은 대부분 우리가 편리하고 풍족하게 생활하려고 벌인 일들의 결과로 일어났어요. 토양이 오염된 원인을 알고 우리가 할 수 있는 일은 무엇인지 생각해 볼까요?

공업

중금속

중금속이 일으킨 토양 오염은 공장과 광산에서 나오는 폐수 등이 원인인 산업형 공해로 나라마다 고도 성장기에 많이 발생했어요. 공장 철거지를 개발할 때 다시 문제가 되기도 해요.

세정제

IC칩 같은 것의 세정제로 사용하는 화합물 중 물보다 무거운 액체가 유출되면, 토양에 스며들어 지하수를 오염시킬 우려가 있어요.

그 밖에도 **방사성 물질**, **소금** 등이 있어요.

농업

화학 비료

비료의 종류에 따라 토양 본래의 영양분이 줄어드는 경우, 비료를 계속 사용하면 보수성(물질이 물을 보유하는 성질)이 나빠져요.

농약

농약을 사용하면 병충해를 예방할 수 있지만, 대량으로 사용하게 되면 땅과 물의 오염을 일으켜, 농사를 짓는 사람과 작물을 먹는 사람의 건강에도 피해를 줍니다.

축산 배설물

동물의 분뇨는 땅속에서 미생물에 의해 분해되는데, 축산 규모가 커져서 분해를 완전히 할 수 없게 되면 분뇨가 토양의 비료가 되지 않고 오염의 원인이 됩니다.

◯ 어떤 대책이 가능해요?

> 토양 오염은 수십 년이나 계속되는 문제로군.

토양 오염 대책법

토양 오염으로 인간이 건강에 피해를 입는 것을 방지하기 위해 만든 법이에요. 이 법에 따라, 유해 물질을 다루는 공장을 없애는 경우나 공장 철거지의 토양 오염으로 사람의 건강에 피해를 미칠 염려가 있는 경우에는 토지 소유자가 그 오염 상황을 조사하도록 정했어요.

원인 물질 알기

어떤 물질이 토양 오염의 원인이 되는지를 아는 것도 대책 가운데 하나예요. 원인이 되는 특정 유해 물질은 벽지와 일회용품, 살충제, 건전지, 방부제, 제초제 같은 일상적인 상품에도 포함되어 있어요.

쓰레기 방치 금지

도로와 공원에 버려진 플라스틱 제품이 그대로 방치되면 부착된 유해 물질이 토양에 깊이 스며들게 되어 위험해요.

4장 ● 물·공기·흙을 보호하자

공장의 배수 규제

도시 지역에서는 공장과 회사에서 나오는 배수를 규제해 유해 물질을 포함한 물이 지하수로 침투하는 걸 막고 있어요. 또 오염된 토양을 깨끗이 하기 위해 다양한 기술을 개발하고 있어요.

특정 유해 물질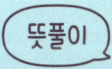

사람의 건강에 피해를 끼치는 26종류의 위험 물질. 토양 오염 대책법에 따라 정해졌으며, 납과 비소 등이 포함되어 있어요.

환경 문제의 선구자·생물학자
레이첼 카슨

1962년 미국에서 출판된 한 권의 책이 전 세계에 커다란 충격을 주었어요. 생물학자인 레이첼 카슨이 쓴 《침묵의 봄》이라는 책이에요. 이 책에서 레이첼은 당시 '마법의 약'으로 널리 사용되던 농약에 포함된 화학 물질이 환경과 생물에 세대를 넘어 영향을 준다는 사실을 처음으로 경고했어요. 현재의 환경 보호 운동은 이 책에서부터 시작되었으며, 레이첼은 '지구의 은인'이라고도 불려요.

산소가 없으면 우리는 존재하지 않아!

산소 덕분에 인간이 살 수 있어요

약 46억 년 전 지구가 탄생하던 무렵, 대기에 산소는 없었고 생물은 존재하지 않았어요. 큰 변화가 일어난 시점은 약 29억 년 전이에요. 시아노 박테리아라는 세균이 광합성을 하게 되면서 산소를 만들어 내기 시작했답니다. 과거에 지구 대기의 90% 이상이 이산화 탄소였지만 이와 같은 생물들 덕분에 산소로 바뀌었어요. 그 결과로 산소를 흡수해 이산화 탄소를 배출하는 동물이 탄생했고, 오늘날 인간이 살아가는 지구가 되었죠.

◯ 생물은 바다에서 태어나 육지로 진출!

지구에 바다가 생긴 것은 대략 40억 년 전의 일이에요. 최초의 생명은 이 바다에서 단세포 생물로 탄생했어요. 약 29억 년 전에 시아노 박테리아가 나타나자, 바닷속에 녹아 있던 이산화 탄소와 태양의 빛에서 산소를 만들기 시작했죠. 그 결과 20억 년 전 무렵부터 대기 중의 산소가 늘기 시작해 생물이 진화해 세포에 핵을 가진 진핵 생물이 탄생하고, 12억 년 전에는 다세포 생물이 탄생한 걸로 보여요. 그리고 약 5억 년 전의 바다에서 여러 가지 종류의 생물이 나타나 현재까지 이어지고 있어요.

또 4억 년 전에는 오존층이 형성되어 생물에 유해한 자외선이 지표에 닿기 어렵게 되자 생물이 육상에서도 생활하게 되었어요. 3억 년 전이 되면 산소 농도는 현재보다도 높아져 양치식물이 대량 발생해 큰 산림이 만들어졌어요. 곤충이 번성해 날개를 펼친 크기가 70cm나 되는 잠자리도 존재했다고 해요. 2억 년 전부터는 공룡을 포함한 충류(벌레의 종류)가 번성했지만, 운석 충돌로 환경이 변화하자 6600만 년 전에는 공룡이 멸종했어요. 이때 살아남은 소형 포유류를 지금 인류의 조상으로 보고 있어요.

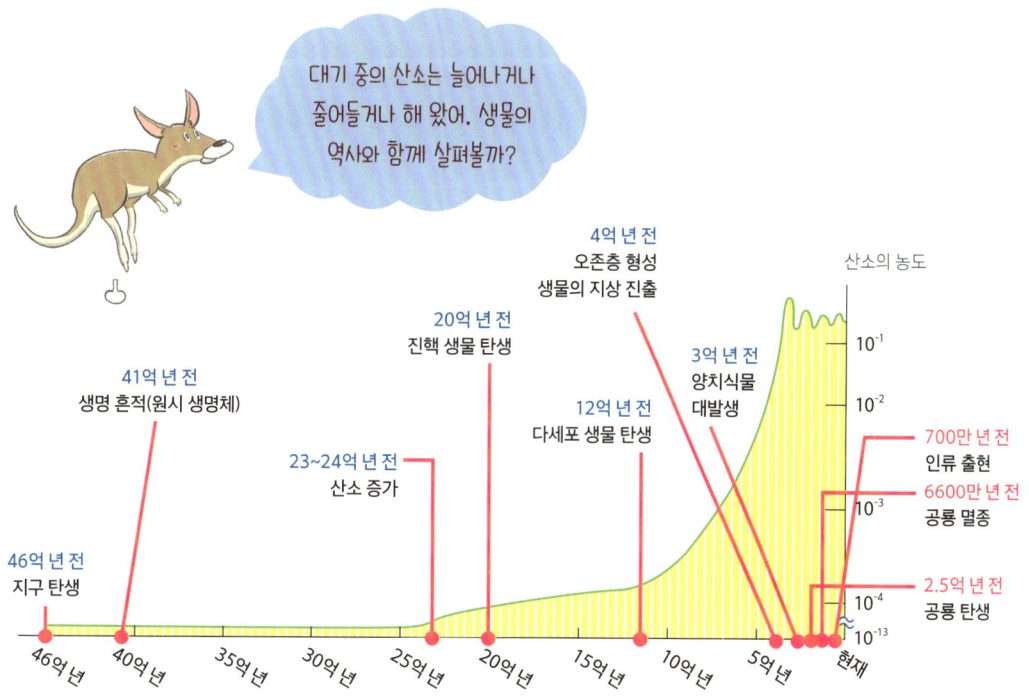

◯ 대기 성분

우리가 살아가는 데 반드시 필요한 공기는 지구를 뒤덮고 있어요. 이를 '대기'라고 불러요. 대기의 성분은 약 5분의 4(78%)가 질소, 5분의 1(21%)이 산소이며, 나머지 1% 중에는 이산화 탄소와 헬륨, 메탄 등의 가스가 포함되어 있어요. 질소는 생물의 몸을 만드는 단백질의 토대로서 중요한 작용을 해요. 산소는 생물이 호흡하고 살아가기 위해 꼭 필요한 것이죠. 그리고 이산화 탄소는 식물이 광합성을 해서 산소를 내뿜기 위해 필요한 기체랍니다.

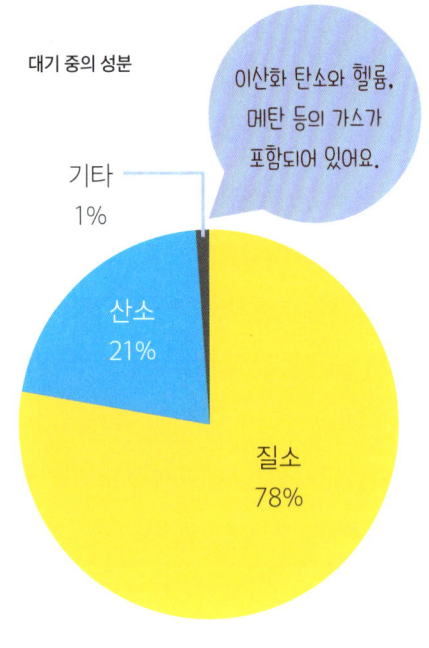

대기 중의 성분

이산화 탄소와 헬륨, 메탄 등의 가스가 포함되어 있어요.

기타 1%
산소 21%
질소 78%

◯ 대기 구조

지상 20km까지는 대기가 바람과 대류가 되어 이동하기 때문에 '대류권'이라고 부릅니다. 대류권은 태양광으로 지표면이 따뜻해져서 그 열이 공기에 전달되기 때문에 고도가 올라갈수록(지표면에서 멀어질수록) 기온이 내려갑니다. 지상 20~50km는 '성층권'이라고 부릅니다. 성층권에 있는 오존층은 태양에서 방출되는 자외선을 흡수해 지표에 내리쬐는 양을 적게 하는 역할을 담당해요. 자외선을 흡수해 열을 내기 때문에 일단 차가워진 공기는 이곳에서 다시 따뜻해집니다.

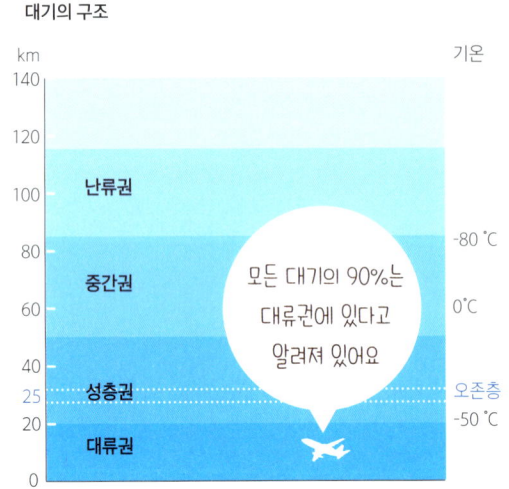

대기의 구조

모든 대기의 90%는 대류권에 있다고 알려져 있어요

🌕 대기 이동

바닷물이 지구 규모로 크게 순환하듯이 대기에도 흐름이 있어요. 바로 바람입니다. 지역에 따른 온도 차와 지구의 자전 등으로 대기가 움직이면 바람이 돼요. 대기의 이동에는 지구 전역으로 움직이는 것과 일정한 지역에 한정되어 국지적인 범위에서 움직이는 것이 있어요. 또 거의 같은 방향으로 일 년 내내 부는 바람과 기후의 변화에 따라 짧은 기간만 부는 바람이 있어요.

편서풍·편동풍

지구 전역으로 부는 바람에는 편서풍과 편동풍이 있는데 일 년 동안 변하지 않고 계속 붑니다. 서쪽에서 동쪽으로 부는 편서풍은 항공기가 이용해요. 온도 차와 지구의 자전이라는 두 가지 원인으로 불기 때문에, 남북의 온도 차가 크고 자전 효과도 큰 중위도 지대에서 자주 보여요. 그에 비해 동쪽에서 서쪽으로 부는 편동풍은 자전의 효과가 큰 적도 부근에서 자주 볼 수 있는데, 이는 무역풍이라고도 하며 옛날에 항해를 할 때 이용했던 바람이랍니다.

태풍·회오리·다운버스트

국지적 바람에는 태풍, 허리케인, 사이클론이 있어요. 이는 열대와 아열대 지방에서 발생하는 저기압의 강도가 커진 것으로, 일컫는 이름은 발생하는 지역에 따라 차이가 있어요. 또 보다 국지적인 바람으로 회오리와 다운버스트가 있어요. 둘 다 적란운 아래에 생기는 바람이에요. 회오리는 상승 기류에 따라 발생하는 깔때기 모양의 소용돌이입니다. 강력한 것은 사람이 사는 집도 감아올려 큰 피해를 입히죠. 다운버스트는 하강 기류가 지표에 충돌해 수평으로 부는 기세가 강한 공기 흐름으로, 비행장 근처에서 발생할 경우 비행기가 추락할 수도 있어요.

광합성

식물이 태양의 빛을 이용해 이산화 탄소와 물로부터 녹말 등의 탄수화물을 합성해 산소를 방출하는 것.

오존층

고도 약 20~50km인 대기 중에서 오존이 많이 포함된 층을 오존층이라고 하며 자외선 흡수 작용을 해요.

단세포 생물

몸이 한 개의 세포로 이루어져 있는 생물.

다세포 생물

몸이 많은 세포로 이루어져 있는 생물. 인간과 우리 주변에 있는 동물이 해당돼요.

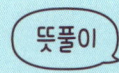

중위도 지대

북극·남극과 적도 부근 이외의 지역을 가리킴.

햇볕을 쬐면 몸에 좋은 거 아니야?

햇볕을 너무 많이 쬐면 위험해요

지구를 둘러싼 오존층은 태양 빛에 포함된 자외선 중에서 유해한 것을 흡수해 생물을 보호해요. 오존층이 프레온 가스에 의해 파괴되면, 지상으로 쏟아지는 유해한 자외선이 늘어나서 생물 발육에 방해가 되며, 인간도 피부암 같은 것이 발병될 우려가 있어요.

◯ 오존 홀

1982년에 일본 남극 관측대가 남극 상공의 오존층이 얇아지고 있다는 사실을 발견했어요. 구멍이 뚫린 듯한 이 부분을 '오존 홀'이라고 이름 붙였어요. 원인은 주로 프레온 가스예요. 인공 화학 물질인 프레온은 사용 후 성층권까지 올라가서 오존층과 부딪히면 화학 반응을 일으켜 오존층을 파괴해 버리고 맙니다. 남극 상공의 오존 홀은 점점 커지고 있는 데다가 남극 이외에서도 오존층이 줄고 있어요.

◯ 자외선(UV)에는 세 종류가 있어요!

몸에 나쁜 영향을 준다고 알려진 자외선. 실은 우리가 쬐고 있는 자외선에는 파장이 다른 세 종류가 있어요. 지구에 내리쬐는 자외선의 90%를 A파가 차지하고 있어요. A파는 피부의 진피층을 노화시키는 대신에 세포의 기능을 활성화시킵니다. B파는 표피층에 멜라닌이라는 색소를 늘려서 '피부가 볕에 타서 검게 되는' 현상을 일으킵니다.

그리고 오존층으로 차단되는 C파는 강한 살균 작용이 있어 생체를 파괴하는 위험이 있어요.

4장 ● 물·공기·흙을 보호하자

◯ 왜 구멍이 뚫리는 거예요?

오존은 산소 원자가 세 개 결합한 것으로, 프레온은 산소에 염소와 불소의 원자가 결합한 것이에요. 지상에서 사용된 프레온 가스는 10~20년 정도 걸려서 상공의 오존층에 다다릅니다. 그리고 이 프레온에 자외선이 닿으면 염소가 나오는데 그것이 오존에 닿으면 산소를 한 개 가져가서 오존이 파괴돼요. 이렇게 해서 차례로 오존층이 파괴되는 것이죠.

오존층 파괴의 구조

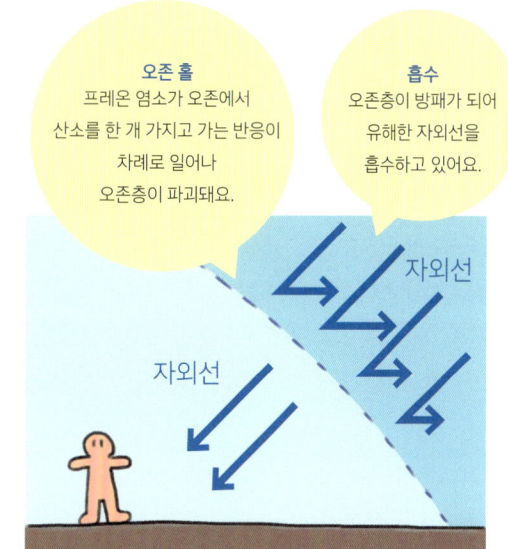

오존 홀
프레온 염소가 오존에서 산소를 한 개 가지고 가는 반응이 차례로 일어나 오존층이 파괴돼요.

흡수
오존층이 방패가 되어 유해한 자외선을 흡수하고 있어요.

○ 프레온 가스는 규제되고 있지만…

프레온 가스가 뭐예요?

프레온 가스는 스프레이의 분사제와 반도체의 청소, 냉장고 등에 사용돼요. 오존층을 지키기 위해서 세계의 주요 국가들은 오존층 보호 조약을 체결해 프레온 가스 사용에 여러 가지 규제를 마련하고 있어요. 그러나 아직 조약에 가입하지 않은 나라도 있어요.

프레온을 규제하는 몬트리올 의정서

1987년에 오존층을 파괴하는 물질을 규제하는 국제적 약속인 '몬트리올 의정서'가 발효되었어요. 이에 따라, 선진국에서는 프레온 생산을 금지했지만 선진국 이외의 나라들에서는 아직 프레온 규제가 늦어지고 있어요. 또 선진국에서도 예전에 제조된 에어컨과 냉장고에는 프레온이 사용되고 있어요. 이와 같은 기기를 버릴 때는 프레온이 새지 않도록 확실하게 빼내서 프레온을 분해 혹은 재활용해 올바르게 처리해야 해요.

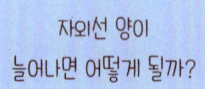

오존층이 파괴되어 지상에 닿는 유해한 자외선 양이 늘어나면 생물에 나쁜 영향을 끼칩니다. 식물 성장이 나빠지고, 얕은 바다에 사는 플랑크톤도 자라지 않게 되어 플랑크톤을 먹는 물고기와 나아가 물고기를 먹는 바다 동물에도 영향이 가서 생태계가 무너질 가능성이 있어요.

인간이 유해한 자외선을 계속해서 쬐게 되면, 기미와 주름 같은 노화 현상은 물론 피부암을 일으키기도 해요. 눈에 미치는 영향도 커서 백내장이 될 가능성도 높아집니다. 또 병으로부터 인체를 지키는 면역 기능이 떨어져 컨디션이 쉽게 무너질 염려도 있고요. 자외선은 뼈의 성장과 발육을 촉진하는 비타민D의 생성을 돕기도 하지만, 반대로 건강에 여러 가지 안 좋은 영향도 미친다는 사실을 이해하는 게 중요해요.

◯ 온실 효과도 조심합시다!

오존층을 파괴하는 프레온류도 실은 강력한 온실가스예요. 프레온은 냉장고와 에어컨의 냉매 등으로 일상 주변에서 사용되었어요. 그러나 프레온이 오존층을 파괴한다는 사실이 밝혀지자 1990년대 이후에는 오존층을 파괴하지 않는 대체 프레온을 널리 이용하게 되었어요. 하지만 대체 프레온도 이산화 탄소의 수천 배나 되는 온실 효과가 있다는 점이 문제예요. 최근에는 대체 프레온보다 온실 효과가 낮은 물질과 원래 자연계에 존재하는 물질을 사용하는 방법이 더 주목 받고 있어요.

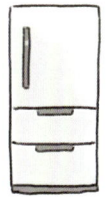

◯ 자외선으로부터 몸을 지킵시다

호주의 자외선 예방 교육

호주 상공은 오존층이 얇기 때문에 일찍부터 오존층을 지키기 위해 적극적으로 대책을 시행해 왔어요. 또 자외선으로 건강에 피해를 입는 것을 예방하기 위해 1980년대에 '썬 스마트' 프로그램을 도입했어요. 그중에서도 특히 힘을 쏟아 아이들에게 자외선 예방 교육을 실시했어요. 학교에서는 '슬립·슬롭·슬랩·랩'이라는 표어를 만들어 철저한 대책을 세웠어요. 햇볕이 가 닿는 부분에는 전부 자외선 차단제를 바를 것을 의무화해 각 교실에는 자외선 차단제가 늘 비치되어 있어요.

슬립·슬롭·슬랩·랩
긴 소매 셔츠를 입자!
(Slip on a long sleeved shirt!)
자외선 차단제를 바르자!
(Slop on some sunblock!)
모자를 쓰자!
(Slap on a hat that will shade your neck!)
선글라스를 쓰자!
(Wrap on some sunglasses!)

'노 햇·노 플레이
(No Hat, No Play)'
모자를 쓰지 않은 아이는 운동장에서 노는 걸 금지하는 학교가 있어.

백내장  **뜻풀이**
눈 안에 있는 수정체 부분이 하얗게 흐려져서 시력이 떨어지는 병.

눈물을 흘리는 동상?

코펜하겐(덴마크)의 녹아 버린 인어상

산성비에 녹아 버렸어요

동상이 눈물을 흘리는 것처럼 보이는 건 산성비에 동이 녹아 흘러내렸기 때문이에요. 세계적으로 유명한 동상 중에는 산성비 피해를 막으려고 실물을 수장고에 보관하고 복제품을 전시하는 것도 있어요. 산성비는 동은 물론이고 대리석과 콘크리트도 녹여 버리고 맙니다. 오래된 건물의 벽과 처마 밑이나 고속도로 아래 등을 보면 고드름처럼 달린 물질이 보이는데 이것은 콘크리트가 산성비에 녹은 것이에요.

◯ 산성비란?

산성비는 강한 산성을 포함한 비를 말해요. 자동차의 배기가스와 공장의 연기 등에 포함된 화학 물질이 비·눈·안개 등에 녹아서 지상으로 내려오는 것이에요. 산성비는 1960년 후반부터 유럽과 북아메리카 등에서 내리게 되어 큰 문제가 되었어요. 산성비는 금속이나 대리석으로 만든 문화재나 건축을 부식시켜 커다란 손실을 입히고 있어요. 실제로 그리스 아테네에 있는 파르테논 신전과 아크로폴리스 같은 유적도 산성비 탓에 부식이 진행되고 있어요. 대량의 산성비는 강과 호수까지 산성으로 만들어 물속 생물이 죽는 일도 있답니다.

◯ 산성비가 내리는 원인

산성비의 주된 원인은 대부분 공장과 화력 발전소에서 나오는 연기와 자동차의 배기가스에 포함된 황산화물과 질소산화물이에요. 이러한 물질이 대기 중에서 자외선을 쬐게 되면 화학 반응을 일으켜서 산성이 강한 물질이 돼요. 또 산성이 강한 물질이 비에 녹으면 산성비와 산성 안개가 되는데 비와 눈이 내리지 않을 때도 미세한 낱알이 되어 우리가 깨닫지 못하는 사이에 땅으로 내려온답니다. 결국 산성비는 대기 오염 때문에 생긴 것이죠.

◯ 산의 강한 정도

산의 세기는 pH라는 단위로 나타내요. pH7.0이 중성으로, 그보다 높으면 알칼리성이고 낮으면 산성이 돼요. 원래 비에는 이산화 탄소도 녹아 있기 때문에 약한 산성이지만, pH5.6을 나타내면 산성비라고 부릅니다.

※ 수돗물은 여러 가지 물질이 포함되어 있기 때문에 중성이 아닙니다. 담수만 중성이에요.

◯ 산성비가 내리면 어떤 문제가 있어요?

산성비는 여러 곳에 나쁜 영향을 끼칩니다. 어디에 어떤 영향이 나타나는지 살펴볼까요?

나무가 말라요

산성비가 내리면 땅이 산성이 되어 땅속의 칼슘과 마그네슘이 녹기 시작하고 다음으로 알루미늄이 녹아내립니다. 이 알루미늄이 식물의 뿌리를 상하게 해, 나무는 영양분을 빨아올리지 못하고 마르게 됩니다. 독일 남서부에 펼쳐진 슈바르츠발트의 숲은 유럽에서도 뛰어난 큰 규모의 숲이었지만, 1980년에 산성비의 영향으로 대량의 나무가 일제히 말라 버리고 말았어요.

건물이 녹아요

대리석, 콘크리트, 금속 등으로 만들어진 건조물과 조각도 산성비에 녹슬거나 녹아 버려요. 특히, 역사적인 건조물이 산성비에 녹거나 부서져 버리는 건 세계적으로 큰 손실이죠. 뉴욕에 있는 자유의 여신상과 아테네의 파르테논 신전, 이집트의 피라미드, 독일의 쾰른 대성당까지 유명한 건조물과 유적, 석상도 많은 피해를 입고 있어요.

사막화가 진행돼요

산성비 때문에 토양의 균형이 무너지면 식물 성장이 멈추거나 수확물이 감소합니다. 게다가 산간 지역에서 식물이 마르면 산은 물을 모아두는 보수 능력을 잃어서 홍수가 쉽게 발생합니다. 산성비는 초원에도 영향을 주어 '사막화'를 일으켜요.

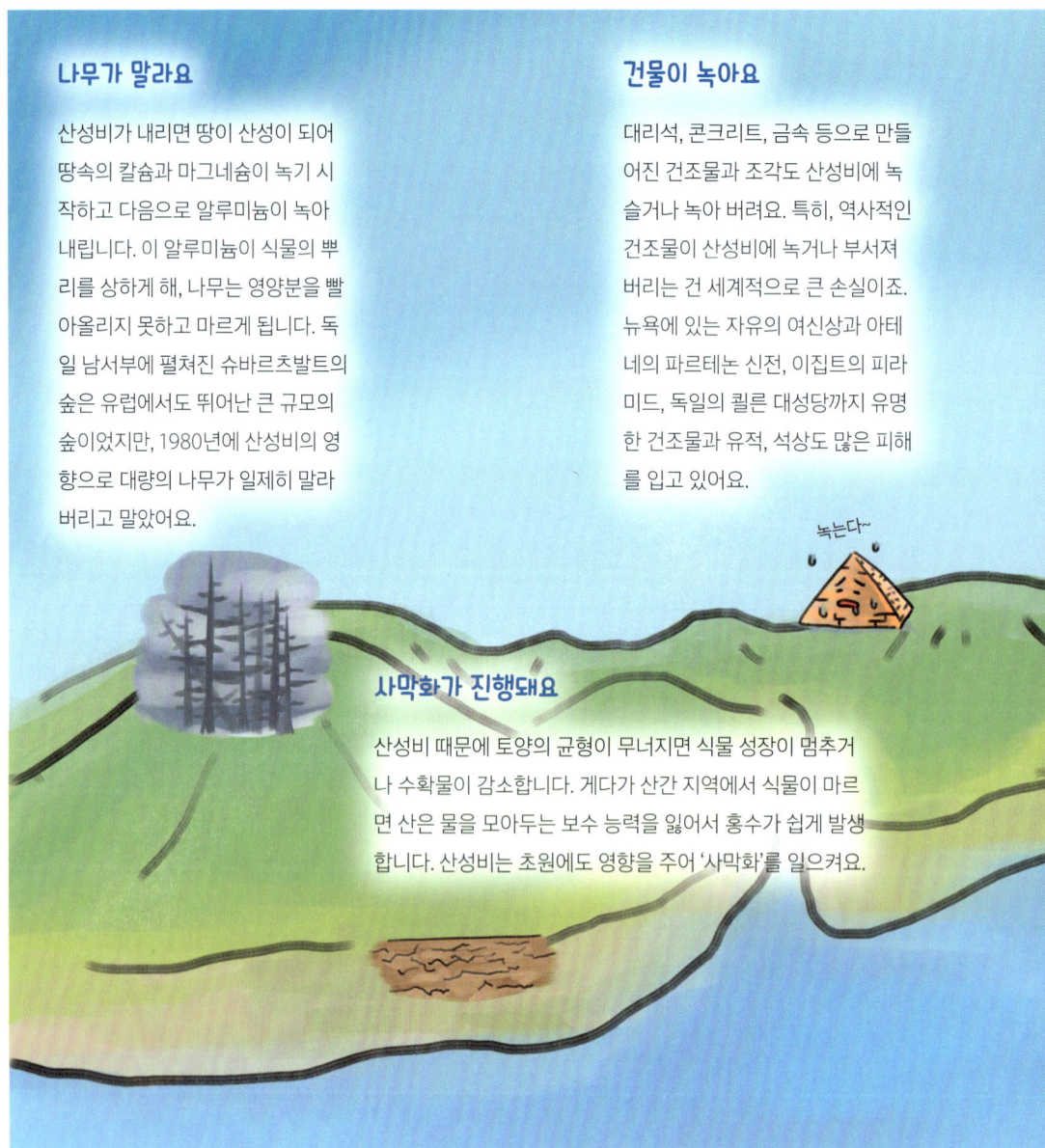

눈이 아파요

일본 간토 지역에서는 1973~1975년에 산성도 높은 비가 내려 많은 사람이 눈의 통증을 호소했어요. 현재는 사람이 직접 피해를 입는 강한 산성비가 내리는 경우는 아주 드뭅니다. 그러나 계속해서 약한 산성비가 내려 우리 눈에는 보이지 않지만 땅속과 물속은 천천히 오염되고 있어요.

수생 식물이 감소해요

물속에서 생활하는 수생 식물은 물의 pH 변화에 민감해요. 연어의 동료인 각시 송어는 수질이 1pH 내려가면 산란하지 않는다는 연구 결과도 있어요. 플랑크톤과 작은 곤충, 갑각류 등도 수질 변화에 따라 감소해요. 그렇게 되면 결국 이들 생물을 먹이로 하는 물고기도 살지 못하게 되겠죠?

호수와 늪에 물고기가 사라져요

산성비가 내리면 우선 강과 호수, 늪에 피해가 나타납니다. 물이 강한 산성이 되면 플랑크톤과 수생 식물이 죽어서 없어지고, 물고기도 먹이가 없어져 수가 갑자기 줄어들거나 죽어 버려요. 유럽과 북미에 있는 많은 호수가 물고기가 살지 못하는 '죽음의 호수'로 변하고 말았어요.

○ 국제 협력이 중요한 해결 방법

바다와 마찬가지로 대기도 전 세계로 이어져 있어요. 대기 오염과 산성비 문제를 한 나라가 해결하려고 해도 다른 나라에서 오염된 물질이 흘러들어 오기 때문에 불가능해요. 즉 대기 오염 문제를 해결하기 위해서는 국제 협력이 아주 중요해요. 우리나라도 아시아의 여러 나라를 비롯해 세계 각국과 협력해 대기 오염 문제를 해결하려고 노력하고 있어요.

세계가 서로 협력해야만 대기 오염 문제를 해결할 수 있구나. 아시아와 유럽에서는 어떻게 협력하고 있을까?

동아시아 나라들이 협력해 산성비를 모니터링하고 조사해요

아시아에서는 산성비에 대처하기 위해서 '동아시아 산성비 모니터링 네트워크 구상'을 설립했어요. 일본 환경성의 주도로 1998년에 시험 가동을 했고, 2001년부터 본격 가동을 했어요. 현재 한국, 중국, 일본을 포함한 아시아의 13개국이 참가하고 있어요. 산성비 모니터링을 비롯해 대기 오염의 정도와 오염 물질이 어디에서 와서 어느 정도 영향을 미치는지 조사하고 있어요.

유럽의 산성비를 연구해요

산성비에 대처하기 위해 맺은 세계적 조약이 몇 가지 있어요. 유럽을 중심으로 미국, 캐나다 등 49개국이 참가해 1983년에 발효된 '제네바 조약'에서는 산성비 연구와 관련해 서로 협력하기로 했어요. 이 조약에 기초해 1987년에 발효된 '헬싱키 의정서'에서는 유황 배출량을 30% 이상 감축하도록 결정했고요. 그리고 1991년에는 새로운 자동차와 시설의 배출 기준을 정한 '소피아 의정서'가 발효되었어요.

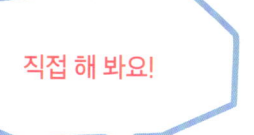 **직접 해 봐요!**

우리가 살고 있는 동네에 내리는 비의 pH를 조사해 봅시다.

조사 방법

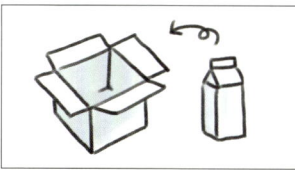

① 우유 팩을 잘라서 비를 모으는 장치를 만들어요.

② 모은 비 안에 pH시험지를 넣어요.
시험지에서 손을 떼지 않고 3분의 1 정도 넣은 후 1초 이내에 꺼내요.

③ 시험지를 간단하게 흔들어요.

④ 젖어 있는 부분을 5초 이내에 색 견본과 비교해 pH를 판단해요.

준비물

- 우유 팩
- pH시험지(팩 테스트, pH측정기)

시험지 색이 6보다 작으면 산성비구나. 다양한 장소를 조사해서 비교해 보면 좋겠어.

pH
물이 산성·중성·알칼리성 가운데 어느 상태인지 나타내는 것. 보통 0~14의 값으로 나타내요.

황산화물
석유와 석탄 등 황이 포함된 화석 연료를 태웠을 때 발생하는 물질. 천식과 산성비의 원인이 되어요.

질소산화물
고온에서 물건을 태웠을 때 발생하는 산화물.

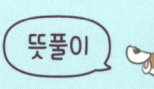  뜻풀이

4장 ● 물·공기·흙을 보호하자

바깥에서 눈이 따끔따끔한 이유는?

광화학 스모그의 영향이에요

햇볕이 강하고 바람이 없는 더운 날에 하얀 '안개'가 낀 것처럼 하늘이 뿌옇고 눈이 따끔따끔할 때가 있어요. 이 현상을 광화학 스모그라고 해요. 광화학 스모그는 대기 오염의 하나로, 우리나라에서도 1980년대부터 차량이 증가하면서 서울 곳곳에서 발생하기 시작했어요.

○ 광화학 스모그란?

공장의 연기와 자동차 배기가스에 포함된 질소산화물과 탄화수소가 태양으로부터 자외선을 받아서 광화학 반응을 일으키면 광화학 옥시던트라는 물질이 생성돼요. 이 농도가 높아지면 마치 안개가 낀 듯이 먼 곳의 산과 빌딩이 희미하게 보여요. 이 안개가 바로 광화학 스모그입니다.

○ 인체에 미치는 영향

광화학 스모그가 발생했을 때 밖에 있으면 눈과 목구멍의 통증, 기침 같은 증상이 나타나요. 심해지면 호흡이 괴로워지거나 손발이 저리거나 현기증, 두통, 발열, 구토, 의식 장애까지 일어나죠. 물론 사람마다 개인차가 크기 때문에 주변 사람들이 아무렇지 않아도 자기 혼자만 증상이 나타날 수 있어요. 아기와 고령자, 몸이 약한 사람, 특히 알레르기성 결막염과 천식 같은 지병이 있는 사람은 주의해야 합니다.

> 광화학 스모그는 마스크를 해도 막을 수 없어.

○ 주의보 발령

광화학 스모그가 발생할 것 같으면 각 지자체에서 '광화학 스모그 주의보'와 '광화학 스모그 경보'가 발령돼요. 광화학 스모그가 발생하면 막을 수 없어요. 주의보가 내렸다면 되도록 바깥에 나가지 않는 것이 중요해요.

발생했을 때는
- 실내에 바로 들어가요.
- 바깥에서 격렬한 운동을 하지 않아요.
- 창문을 닫아요.

증상이 나타났을 때는
- 눈이 따끔따끔하고 아파요.
  → 비비지 말고 깨끗한 물로 바로 씻어 냅니다.
- 목이 아프고 기침이 나와요.
  → 양치질을 해 물로 잘 씻어 내요.
- 머리가 아프고 숨이 막혀요.
  → 시원한 방에서 쉬어요.
- 손발이 저리고 호흡하기 힘들어요.
  → 의사 선생님의 진찰을 받아요.

> 대기 오염 물질은 그 밖에 무엇이 있을까?

뜻풀이

오존

광화학 옥시던트의 정체는 주로 오존이에요. 오존이 상공 20~40km에 있는 경우에는 오존층으로서 유해한 자외선을 지상까지 닿지 않게 해 주는 물질이지만, 우리가 생활하는 장소에서 농도가 높아지면 건강에 악영향을 미쳐요.

4장 ● 물·공기·흙을 보호하자

◯ 대기 오염의 원인이 되는 물질

대기 오염의 원인이 되는 물질을 흡수해 버리면 우리 건강에 나쁜 영향이 나타납니다. 한번 흡수하면 없애는 것이 좀처럼 어렵기 때문에 문제가 되고 있어요.

광물

석면

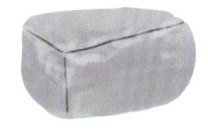

석면은 열과 마찰에 강해서 가공하기 쉽기 때문에 건설 자재와 전기 제품, 자동차의 부품 등에 방음과 방화의 목적으로 사용했어요. 그러나 석면을 흡수하면 폐암의 원인이 된다는 사실이 밝혀져, 현재는 석면 사용을 금지했어요. 다만 과거에 석면을 사용한 건축물들이 남아 있기 때문에 앞으로도 피해는 나타날 것으로 보여요.

황사

황사는 매년 양이 증가하는데, 중국에서 일어나는 사막화가 원인이에요. 공업화가 진행되어 산림을 잘라서 토지 개발을 계속한 결과, 사막처럼 건조한 토지가 늘어나 그곳에서부터 상공으로 날아오른 모래가 많은 유해 화학 물질을 싣고 이웃나라인 우리나라에 찾아왔죠. 화학 물질을 포함한 황사 때문에 사람들은 호흡기 계통의 질병과 알레르기를 일으키고 농작물도 많은 피해를 입습니다.

입자

초미세먼지

대기 중에 떠도는 오염 물질 가운데 지름이 2.5μm 이하인 미세한 입자 상태의 물질을 초미세먼지라고 해요. 들이마시면 폐의 깊숙한 곳까지 들어가기 때문에 폐암과 천식에 걸릴 염려도 있어요. 2013년대부터 중국의 넓은 지역에서 대기 오염이 발생해 이웃인 우리나라에도 흘러왔어요.

그을음

그을음이란 물건이 탈 때에 발생하며 날아서 흩어지는 입자 상태의 물질을 가리킵니다. 즉 굴뚝에서 나오는 '매연'과 타고 남은 찌꺼기를 뜻해요. 대기 중에 그을음 농도가 높으면 높을수록 폐암과 호흡기 계통의 질환을 일으킬 가능성이 높아요.

분진

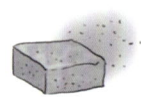

시멘트와 돌, 금속이 깎여서 미세한 먼지처럼 된 것이에요. 분진을 장기간에 걸쳐 계속 마시면 건강에 피해를 입습니다. 옛날에는 광산과 채석장 등에서 일하는 사람들이 한 번 발병하면 잘 낫지 않는 '진폐증'에 걸려서 큰 문제가 되었어요.

◯ 배가가스를 배출하지 않는 자동차 연구

배기가스는 대기 오염의 큰 원인이 되어요. 배가가스 양을 억제한 자동차와 배기가스를 전혀 배출하지 않는 자동차를 연구하고 있어요.

두 개의 원동력으로 움직이는 하이브리드 자동차

가솔린으로 움직이는 엔진과 전기로 움직이는 모터인 두 개의 원동력을 가지고 있어요. 속도가 늦을 때는 전기차로 달리고, 연비 효율이 좋을 땐 가솔린으로 전환해 달리는 시스템이에요. 가솔린만으로 움직이는 차보다 적은 연료로 장거리를 달릴 수 있기 때문에, 이산화 탄소와 배기가스의 배출량을 줄일 수 있어요.

수소와 산소로 달리는 연료 전지 자동차

수소와 산소의 화학 반응으로 얻은 전기 에너지를 사용해 모터를 돌려서 달립니다. 가솔린 차가 가솔린을 보급하는 것과 마찬가지로 연료 전지 자동차는 수소 충전소에서 연료가 되는 수소를 보급해요. 이 자동차도 이산화 탄소와 배기가스를 배출하지 않아요.

전기로 달리는 전기 자동차

전기를 저장해 달리는 자동차로 오염 물질을 전혀 배출하지 않아요. 또 모터로 차를 움직이기 때문에 부드럽고 조용하게 달릴 수 있어요.

대기 오염을 개선하려고 민간 기업들도 다양한 방법을 시도하고 있어.

뜻풀이

마이크로미터(μm)

1mm의 1000분의 1인 길이. 0.001mm와 같아요.

매연

연료가 연소하면서 발생하고 배출되는 그을음과 연기를 의미해요. 대기 오염 방지법에서는 황산화물, 매연을 유해 물질로 정의하고 있어요.

대기 환경 보전법

대기 오염을 방지하고 개선하기 위해 2003년에 제정된 법률이에요. 대기 오염 물질 배출 허용 기준을 설정하고, 대기 오염 물질 배출 시설의 설치·운영과 배출량을 관리하는 등 다양한 환경 보전 조치를 포함하고 있어요.

함께 생각해요

일회용 핫팩으로 지구가 깨끗해진다고?

추울 때 몸에 붙이거나 주머니에 넣어 사용하는 따뜻한 핫팩. 한 번 사용하면 그대로 버려졌지만 최근에 아이디어를 내어 재활용이 가능해졌어요. 더군다나 지구를 깨끗하게 할 수도 있어 화제가 되고 있어요.

핫팩 속에는 철과 재의 가루가 들어 있는데 이 철에는 이가철 이온이라는 물질이 포함되어 있어요. 이 이가철 이온에는 물의 바닥에 쌓여 있는 진흙의 고약한 냄새를 제거해 무해화(처리한 오물이나 폐기물이 환경을 오염시키지 않도록 유해 물질을 처리하는 작업_옮긴이)하는 작용이 있어요.

물을 깨끗하게 하는 활동을 벌이는 기업 'Go Green Group'의 야마시타 다카시와 도쿄 해양 대학의 사사키 쓰요시 교수는 핫팩 안에 산을 넣어서 네모난 덩어리를 만드는 데 성공했어요. 이 덩어리를 연못과 강 등에 던져 넣으면, 바닥 깊이 가라앉아 진흙이 적어져서 깨끗해진다고 해요. 게다가 철은 지구에서 가장 무거운 물질이기 때문에, 그대로 두어도 시간이 지나면 땅속으로 흡수되어 마지막에는 지구의 마그마로 바뀐답니다.

이처럼 지금까지 우리가 당연하게 버리던 물건이 지구를 깨끗하게 하는 데 도움이 될 수도 있어요. 아름다운 지구를 지키려면 새로운 것을 사용하는 것뿐만이 아니라 사용하고 버리는 물건을 어떻게 하면 재활용할 수 있는지를 생각하는 게 좋겠죠?

5장

생물 다양성을 지키자

고릴라가 사라진다고? — 150

사자가 얼룩말을 다 잡아먹으면 어떻게 되는 거야? — 154

치와와와 시바견은 다른 종일까? — 160

시를 지을 수 있는 건 생태계 덕분? — 164

산림이 황폐해지고 있다고? — 166

고릴라가 사라진다고?

멸종 위기에 처한 마운틴 고릴라

이대로 가면 사라져 버릴지도 몰라요

동물원에서 인기가 많은 고릴라가 사실 멸종 위기종이라는 사실을 알고 있나요? 야생 고릴라는 개발과 내전 탓에 서식지가 파괴되어 수가 줄어서 멸종 위기종으로 지정되었어요. 마운틴 고릴라가 사는 르완다에서는 고릴라 경비대가 건강 상태를 체크하거나 불법 사냥꾼으로부터 고릴라를 보호하고 있어요. 이러한 노력이 계속되고 있지만 고릴라가 멸종 위기에 처한 사실은 변함이 없어요.

◯ 멸종 위기종

서식 환경 속에서 개체 수가 극단적으로 감소해 멸종을 향하고 있는 생물종을 '멸종 위기종'이라고 부릅니다. 멸종이란 하나의 종이 완전히 지구상에서 사라지는 것이에요. 멸종할 우려가 있는 야생 생물 리스트는 '레드 리스트'로 불리는데 2020년 기준으로 국제 자연 보호 연합(IUCN)이 평가한 12만 372종 가운데 3만 2,441종이 멸종 위기종으로 지정되었어요. 한국에서는 282종이 멸종 위기종으로 지정되어 있어요.

◯ 멸종 생물이 늘고 있다고요?

지구에 첫 생명이 탄생한 이후, 생물은 자연의 변화 속에서 탄생과 멸종을 반복해 왔어요. 그러나 400년 정도 전부터 하나의 종이 멸종하는 속도가 점점 빨라지고 있어요. 약 2억 년 전의 공룡이 있던 시대는 1000년에 1종류의 생물이 멸종하는 정도였다면, 200~300년 전부터는 4년에 1종, 100년 전에는 1년에 1종이 멸종되었어요. 그리고 점점 그 속도가 빨라져 현재는 하루에 약 100종류씩 멸종한다고 해요.

5장 ● 생물 다양성을 지키자

《종의 기원》에서 처음으로 자연 선택설을 주장한 생물학자
찰스 다윈

영국의 생물학자 다윈은 1835년에 1개월 정도 체류했던 갈라파고스 제도에서의 경험과 발견으로 《종의 기원》이라는 책을 썼어요. 다윈은 그 책에서 생물의 진화를 자연 선택(자연 도태)설로 설명했어요. 자연 선택설이란 환경에 적응한 변종을 가지는 개체는 생존하고, 그렇지 않은 개체는 죽어 없어진다는 학설이에요. 예를 들면 평균보다 목이 긴 기린은 그렇지 않은 기린과 비교해서 잎을 따는데 더 유리하기 때문에, 환경의 변화로 먹이가 부족해져도 살아남을 수 있었죠. 이와 같이 다윈은 같은 종이라도 전부 일정한 특징이 있는 것이 아니라 개체마다 조금씩 다르다고 주장했어요.

◯ 내몰리는 동물들

멸종 위기종이 늘어나는 원인 대부분은 인간의 활동 때문이에요. 인간에 의해 멸종으로 내몰리는 동물과 식물은 무척 많으며 그 이유는 다음과 같아요.

- 인간이 식량과 약, 모피·깃털 등의 장식 목적으로 포획
- 대규모 산림 벌채로 야생 생물이 사는 장소 감소
- 외래종 유입으로 먹이 사슬의 균형이 무너져 생태계 변화
- 지구 온난화로 크게 변화한 환경에 대응하지 못함

지구의 평균 기온이 4℃ 이상 오르면 지구에 사는 40% 이상의 동식물이 멸종할 위험에 처한다는 연구 결과도 있어요.

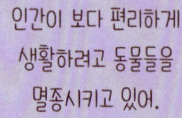

◯ 보호 활동과 조약

생물을 지키기 위해 세 개의 국제 조약을 체결했어요.

- 워싱턴 조약
- 양국 간 철새 등 보호 조약·협정
- 람사르 협약

워싱턴 조약은 2018년 9월에 182개국과 EU가 체결했어요. 멸종 위기종의 불법 거래를 금지하는 국제 조약으로, 살아있는 동물의 보호는 물론이고 모피와 뿔, 어금니 등 동물의 몸 일부분을 사용한 가공품의 거래도 금지했어요.

◯ 생물이 사는 곳을 지킵시다

우리 생활은 풍족한 자연과 그곳에 사는 생물 덕분에 유지되고 있어요. 그러나 인간의 생활이 편리해지면서 점점 숲이 사라지고 많은 생물이 멸종 위기에 처했어요. SDGs의 목표15에서는 '육지의 생태계를 보호하고, 지속 가능한 산림으로 이용할 것'과 '사막화와 토지의 황폐화를 방지할 것'을 내걸고 있어요.

어떤 동물이 멸종 위기로 지정되어 있을까?
여기에서는 국제 자연 보호 연합(IUCN)이 정한
멸종 위기종을 살펴보자.

5장 ● 생물 다양성을 지키자

순록
서식지 그린란드와 노르웨이, 핀란드. 시베리아 지방과 알래스카, 캐나다 등
특징 유럽 대부분 지역에서 야생종이 멸종
줄어든 이유 수렵, 석유·광물 자원의 채굴과 탐사, 산림 채벌

자이언트 팬더
서식지 중국 남서부의 쓰촨성과 간쑤성, 산시성 등
개체 수 현재는 약 1,600마리뿐
줄어든 이유 산림 벌채와 포획 등

사자
서식지 아프리카 내부, 다양한 지역에서 살고 있어요
예전 서식지 아프리카 대부분과 아라비아반도 섬에서 인도 중북부에 걸쳐서도 살았어요
줄어든 이유 서식지 개발, 그에 따른 사냥감의 감소, 밀렵 등

아시아코끼리
서식지 아시아
예전 서식지 파키스탄에서는 멸종하고 말았어요
줄어든 이유 산림 개발

해달
서식지 쿠릴 열도에서 알래스카, 캘리포니아 중앙 해안
예전 서식지 옛날에는 알류샨 열도와 캄차카 연안에도 많이 살았어요
줄어든 이유 양질의 모피를 얻으려고 남획(짐승이나 물고기 따위를 마구 잡음_옮긴이)

침팬지
서식지 세네갈에서 가나, 나이지리아 등의 서아프리카. 카메룬과 콩고, 중앙아프리카, 우간다, 탄자니아에도 살고 있어요
개체 수 100년 전에는 약 200만 마리였지만 현재는 약 20만 마리까지 줄었어요
줄어든 이유 식용을 목적으로 한 사냥, 산림 개발 등

우리 야생 호랑이도
점점 수가 줄고 있어.

 뜻풀이

레드 리스트
멸종 위험에 처한 야생 생물의 종류 리스트. 국제 자연 보호 연합(IUCN)이 작성하고 있으며, 2020년 12월 약 3만 5,765종의 야생 동물이 등록되어 있어요.

사자가 얼룩말을 다 잡아먹으면 어떻게 되는 거야?

자연계에서는 사자의 수도 줄기 때문에 다 먹어 버릴 일은 없어요

생물은 자연 속에서 먹거나 먹히거나 하는 먹이 사슬 속에서 서로 협력하며 살아가고 있어요. 만약 사자가 얼룩말을 너무 많이 먹으면, 얼룩말이 먹던 식물이 많이 늘어나 다른 식물이 자라나지 못할 수도 있습니다. 자연계에서는 얼룩말 같은 먹잇감이 줄면 사자의 수도 줄어서 조절이 되는데, 이 균형을 인간이 무너뜨릴 때가 있어요.

● 먹이 사슬

우리는 무엇인가를 먹지 않으면 살아갈 수 없어요. 인간이 먹는 것은 쌀과 채소 등의 식물과 물고기와 가축 등이에요. 얼룩말 같은 초식 동물은 풀을 먹고, 사자 같은 육식 동물은 고기를 먹어요. 나비는 유충일 때 잎을 먹고 성충이 되면 꽃의 꿀을 먹어요. 벌레를 잡아서 그것을 영양분으로 삼아 살아가는 식물도 있어요. 동물의 사체는 지렁이와 벌레, 미생물이 먹어서 분해하고 결국 땅을 풍족하게 해 나무와 풀의 영양분이 돼요. 지구상의 생물은 먹거나 먹히거나 하면서 연결되어 있습니다. 실제로 생태계에서는 생물이 한 종류의 생물만 먹는 게 아니라, 다양한 생물을 먹거나 다양한 생물에게 먹힌답니다. 마치 그물처럼 서로 얽혀 있는 먹이 그물인 셈이죠.

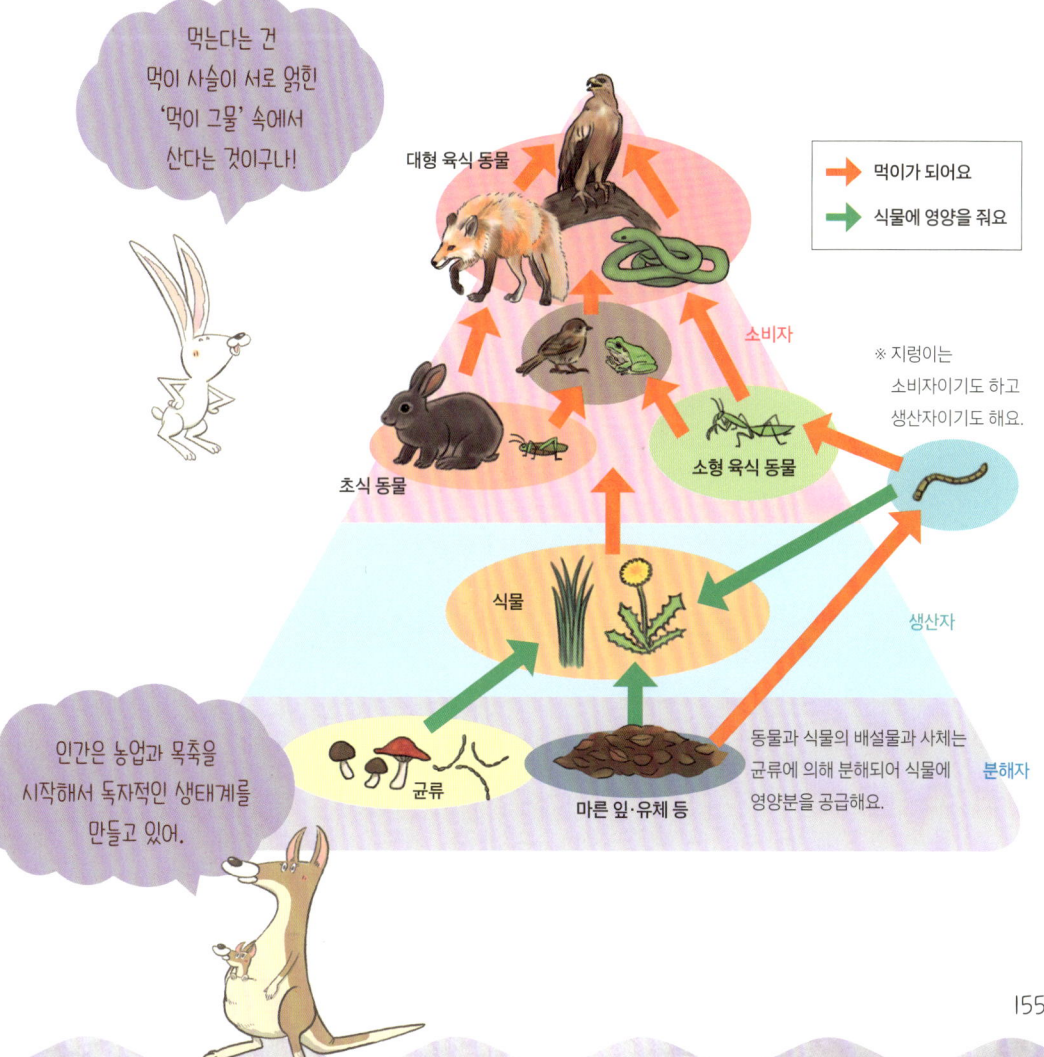

◯ 생태계란 뭘까요?

지구에 존재하는 식물과 동물 그리고 미생물 같은 모든 생물은 대기와 물, 흙이라고 하는 환경에서 살아가고 있어요. 그리고 태양의 빛 에너지를 근원으로 삼아, 생물과 그것들을 둘러싼 환경이 서로 관계를 맺으면서 하나의 완성된 시스템을 만들어요. 이와 같이 서로 관계를 맺고 살아가는 생물들과 그것을 둘러싼 환경을 합해서 '생태계'라고 해요. 우리 인간도 생태계를 구성하는 일원이에요. 생활에 필요한 음식과 자원은 모두 생태계의 혜택 덕분에 만들어지죠.

대기와 물, 토양, 빛, 기온처럼 생물의 생활에 영향을 주는 것을 '환경 요소'라고 해요. 지구에는 산림과 하천, 바다 같은 다양한 생태계가 존재하는데, 지구 전체도 하나의 생태계라고 할 수 있어요. 그곳에 사는 생물과 환경이 서로 균형을 잡아 생태계가 이루어져요. 하지만 대기와 물 같은 환경 요소가 크게 변하면 이 균형이 무너져 생물이 살아가지 못하게 돼요. 한번 무너진 균형은 복원하기까지 시간이 오래 걸리거나 영영 원래대로 돌아가지 못할지도 몰라요.

생태계 안에서 우리는 각각 역할이 있어! 살아 있음으로써 그 역할을 다하고 있다고도 말할 수 있어. 어떤 역할이 있는지 살펴보자.

생산자 = 식물
식물은 광합성을 해서 유기물과 산소를 만들어요. 이처럼 식물은 많은 생물에게 필요한 유기물과 산소를 만들기 때문에 '생산자'라고 불러요.

소비자 = 동물
동물은 식물과 다른 동물 등을 먹고 영양을 얻어 살아가요. 이와 같이, 식물(생산자)이 만들어 낸 영양(유기물)을 소비해 생활하는 동물을 '소비자'라고 불러요.

분해자 = 균류와 세균류
땅속에는 지렁이처럼 작은 동물과 미생물이 있는데 이들은 낙엽과 동물의 똥, 사체를 먹으며 살고 있어요. 식물(생산자)과 동물(소비자)을 무기물로 분해하기 때문에 '분해자'라고 불러요.

우리 동물들도 산소와 유기물을 만드는 식물들 덕분에 생활하고 있어.

◯ 생태계에도 여러 가지가 있어요!

지구에서 최대의 생태계는 '지구' 자체입니다. 그중에 바다와 하천, 산림, 초원 등 각각의 환경에 맞는 여러 가지 생태계가 존재해요. 크게 '수역 생태계'와 '육상 생태계'로 나뉘어요. 또 그 안에는 더 작은 생태계가 포함되어 있어요. 예를 들면 강의 경우, 얕은 곳과 깊은 곳을 비교하면 물의 흐름이나 하층토(지표보다 아래에 있는 토양)의 상태, 살고 있는 생물이 다릅니다. 생태계가 다양하다는 건 여러 가지 종이 서식할 수 있다는 것을 의미해요.

육상 생태계

육상 생태계의 풍족함은 식물에 의한 생산량의 많고 적음으로 결정돼요. 그렇기 때문에 기온과 강수량의 영향을 크게 받습니다. 기온이 높은 곳에서는 우량(일정 기간 동안 일정한 곳에 내린 비의 분량)이 많으면 산림이 되고, 적으면 초원과 사막이 돼요. 기후 변화에 따라 기온과 우량이 변화하면 유지하던 균형이 무너져 생태계가 혼란해진답니다.

수역 생태계

수역 생태계는 하천, 호수와 늪, 습지 같은 내륙 지역과 해안, 외해, 심해저, 산호초 등의 해양 지역으로 나뉩니다. 수역 생태계는 영양분 재활용, 물 정화, 홍수 줄이기, 서식 지역을 야생 생물에게 제공하기 같은 역할을 담당하고 있어요. 그러나 수온과 수류(물의 흐름)의 변화, 수질 오염, 기후 변화, 그리고 외래종 유입 등에 따라 생태계의 기능이 저하되는 일이 있어요.

> 수역에서는 물 자체도 이동하기 때문에 생물의 관계도 광범위하고 복잡해지는군.

뜻풀이

유기물
탄소와 산소로 이루어져 있으며 태우면 검게 타요. 주로 식물이 만들어 내며 생물의 영양분이 돼요. 그 밖에 인간이 만들어 낸 유기 화합물이 있어요.

무기물
유기물 이외의 물질로 식물은 무기질 섭취만으로도 생활할 수 있어요.

◯ 영양이 이동하는 생태계 피라미드

생태계 속에서 보이는 각 영양 단계의 생물 개체 수를 면적으로 표시해 블록처럼 쌓아 올린 것을 '생태계 피라미드'라고 해요. 먹고 먹히는 관계에 따라 영양이 이동하는 단계의 순서로 아래에서부터 쌓아 올린 것이에요. 피라미드 가장 아래에는 미생물 같은 분해자, 그 위에는 광합성을 해 영양을 만드는 식물(생산자), 그 하나 위가 식물을 먹는 동물(일차 소비자), 그보다 더 위에 있는 것이 일차 소비자를 먹는 동물(이차 소비자)이 돼요. 일반적으로 영양 단계가 위로 갈수록 생물의 개체 수가 적어지기 때문에, 피라미드 상태가 돼요.

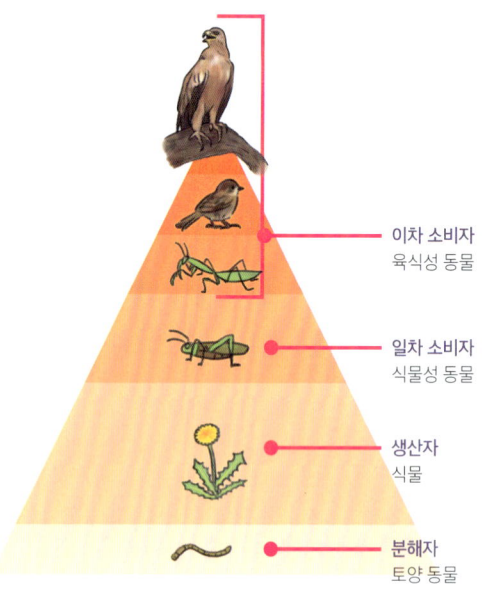

이차 소비자
육식성 동물

일차 소비자
식물성 동물

생산자
식물

분해자
토양 동물

◯ 피라미드가 무너지면…

생태계가 무너지는 큰 원인은 환경 변화로 살아가지 못하게 되는 종이 나타나기 때문이에요. 어떤 생물이 사라지면 생태계 균형은 무너집니다. 오른쪽 그림처럼 생태계 일부분이 무너지면 다른 부분까지 무너져 버립니다. 늘어나 버린 생물끼리 먹이를 서로 뺏고, 그 결과 머지않아서 극단적으로 줄어들어 버리는 경우도 있어요. 즉 생물의 멸종은 지구 전체의 균형을 무너뜨리는 위기입니다.

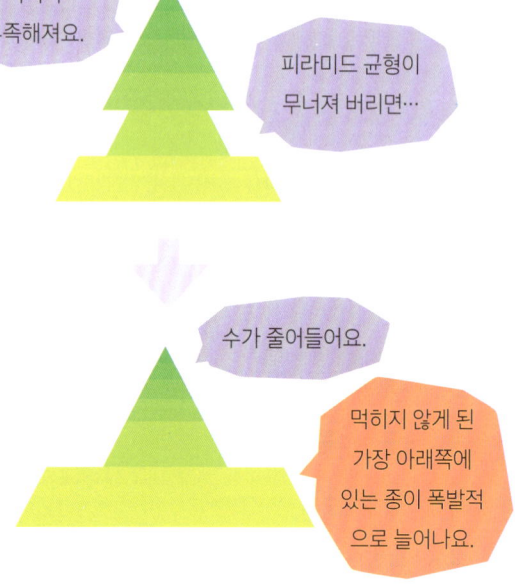

먹이가 부족해져요.

피라미드 균형이 무너져 버리면…

수가 줄어들어요.

먹히지 않게 된 가장 아래쪽에 있는 종이 폭발적으로 늘어나요.

◯ 해달이 사라진다면…?

1990년대에 북태평양 연안에서 해달의 수가 줄어들었어요. 그러자 해달의 먹이였던 성게가 증가해 거대 다시마를 먹어 치워 큰 피해를 주었고, 그곳에 살던 물고기도 사라져 버렸어요. 이처럼 생태계의 균형을 지키는 데에 반드시 필요한 생물을 '핵심 종'이라고 부릅니다. 핵심 종은 어떤 특정 생물이 늘어나는 걸 막아 줘요.

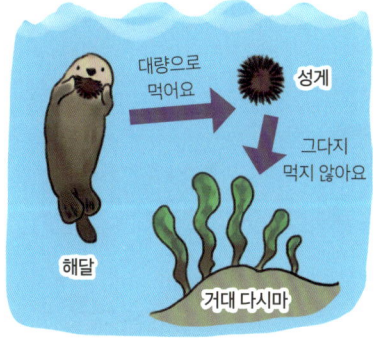

◯ 사슴이 늘어난 건 일본늑대의 멸종이 원인!?

야생 사슴들이 숲의 나무와 밭을 망치는 '사슴 피해'가 늘어나고 있어요. 일본에서는 초식 동물인 사슴을 육식 동물인 일본늑대가 먹는 먹이 사슬로 개체 수 균형이 이루어졌어요. 그러나 100년쯤 전에 일본늑대가 멸종하자 사슴이 늘어나 먹이가 되는 식물을 마구 먹어 버린 것이에요. 이전에는 사슴을 포획해서 수가 너무 늘지 않도록 조절했지만, 최근에는 사냥꾼의 수가 줄면서 다시 사슴의 숫자가 늘어나 문제가 심각하다고 해요.

한 종류가 멸종하는 것만으로도 생태계 균형이 전부 무너지다니, 무서워~.

사슴 피해

사슴이 일으키는 피해. 산림 피해의 70%가 사슴에 의한 것으로 심각한 상황이에요.

치와와와 시바견은 다른 종일까?

둘 다 같은 '종'이에요
유전자 차이에 따라 개성이 나타납니다

지구에는 확인된 것만으로도 약 190만 종의 생물이 살고 있고, 아직 발견되지 않은 것도 포함하면 300만 종이 된다고 해요. 그리고 같은 생물 종이라도 형태와 모양, 생태에 따라 다양한 개성이 나타나요. 예를 들면 개는 치와와와 시바견 등 세계에 700~800종의 견종이 있는데 생김새와 모양, 털의 색과 질, 체격 등은 다양해요. 이들은 유전자의 작은 차이로 결정돼요. 이와 같이 여러 가지 종과 개성이 있으며, 각각 연결되어 있는 것을 생물 다양성이라고 해요.

● 생물 다양성

자연계에는 다양한 동식물이 있어요. 이들 생물들은 서로 이용하고 도우며 상호 간에 관계를 맺으며 살아가고 있어요. 물론 인간도 마찬가지고요. 이처럼 풍부한 자연의 관계를 '생물 다양성'이라고 해요. 생물 다양성에는 '종의 다양성' '생태계의 다양성' '유전자의 다양성'의 세 가지가 있어요.

❶ 종의 다양성

약 40억 년 전 한 종류였던 생물은 산림과 다습한 초원, 하천, 산호초 등 생활하는 환경에 맞게 여러 종으로 진화해 왔어요. 각각의 모습과 특징은 그 환경에서 생활하기에 도움이 되어요. 그리고 환경 변화에 적응하지 못한 종은 없어지는 한편 새로운 종도 태어났어요. 지금 이 지구에는 포유류, 양생류, 날벌레류 등의 동물과 식물, 또 눈에 보이지 않는 미생물까지 다양한 종의 생물이 있어요.

❷ 생태계의 다양성

생태계의 다양성은 환경의 다양성으로 생각할 수도 있어요. 생태계는 주로 '수역 생태계'와 '육상 생태계'로 나뉩니다. '수역'은 다시 바다와 하천, 습지, 해안과 외해, 심해저, 산호초 등 다양한 환경으로 나뉩니다. '육상'도 산림과 초원, 경작지, 사막으로 나뉩니다. 이와 같이 환경이 다양하면 다양할수록 그곳에는 여러 가지 생물이 계속 살 수 있어요.

❸ 유전자의 다양성

모든 생물은 부모로부터 이어진 유전자를 가지고 있어요. 그 유전자가 몸의 형태와 능력을 결정해요. 같은 종이라도 다른 유전자가 조합됨으로써 개성이 나타납니다. 예를 들면 건조에 강하다, 더위에 강하다, 병에 강하다 등 각자 개성이 있기에 환경 변화에 대응해서 살아남을 가능성이 높아집니다. 그렇기 때문에 같은 종이라도 개체 간이나 또 서식하는 지역에 따라서 몸의 형태와 행동 등 조금씩 특징이 달라요. 이것을 '유전자의 다양성'이라고 부릅니다.

세 가지 다양성에는 어떤 차이가 있을까?

○ 생물 다양성이 위협받고 있어요

2020년에 세계 자연 기금(WWF)은 '살아 있는 지구 보고서 2020'을 발표했어요. 1970년부터 2016년 사이에 우리는 생물 다양성의 풍요로움을 68%나 잃어버렸어요. 생물 다양성을 위협하는 주요 원인은 야생 생물의 서식처가 사라지는 것이에요. 그 배경에는 지구의 재생 능력을 벗어날 만큼의 자원을 사용하는 우리 인간이 있어요. 2020년 조사에 따르면 인간이 1년간 사용하는 자연 자원의 양은 지구가 1년간 생산하는 양의 1.6배예요. 이대로 지구의 자원을 지나치게 사용하면, 지구가 자원을 만들어 낼 힘이 떨어지고, 야생 생물뿐만 아니라 우리 인간이 살아가는 것조차 어려워질지 몰라요.

생물 다양성의 풍요로움을 알 수 있는 '살아 있는 지구 지표'. 포유류와 조류, 양생류, 날벌레류, 어류의 개체군이 어느 정도 감소하는지를 나타내고 있어요.

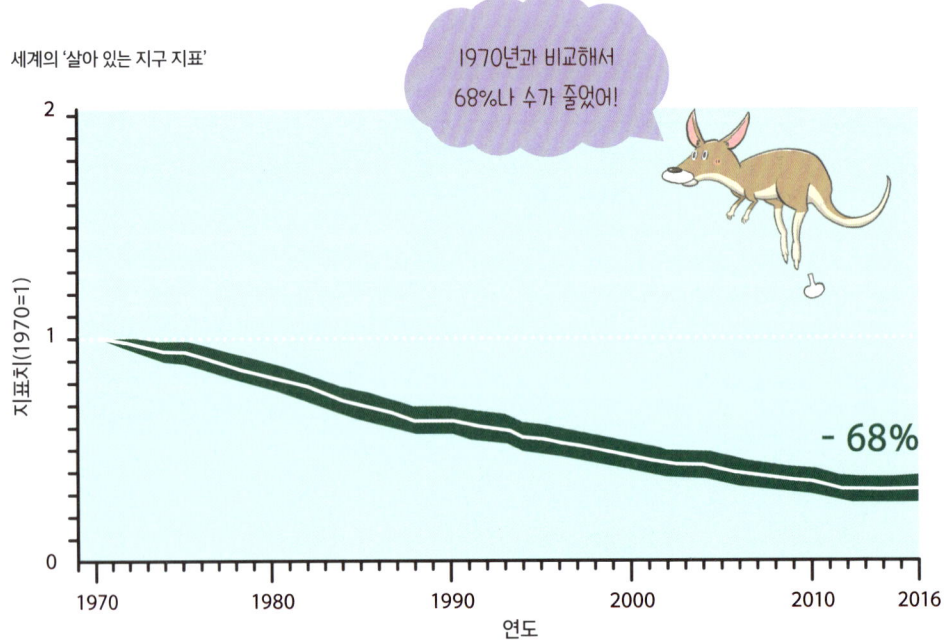

● 생물 다양성은 왜 보호해야 할까요?

생물 다양성은 우리 건강과도 밀접한 관련이 있어요. 인간의 의료를 뒷받침하는 약 성분에는 5만에서 7만 종이나 되는 식물이 포함되어 있어요. 게다가 해양 생물에서 추출한 성분으로 만든 항암제도 전 세계에서 사용하기 때문에 매우 가치가 높답니다.

이처럼 생물 다양성이 우리 인간에게 주는 혜택은 무척 많아요. 그러나 생물 다양성을 생각할 때 잊어서는 안 되는 것이 있어요. 그것은 지상에 존재하는 모든 생물이 우리 인간을 위해서 존재하는 건 아니라는 사실이에요. 1992년에 생물 다양성 조약을 만들 때 원안의 서문에는 '인류가 다른 생물과 함께 지구를 나누어 가진다는 것을 인정하고, 그들 생물이 인류에게 이익을 주는 것과 관계없이 존재한다는 사실을 받아들인다'는 문장이 있었어요. 이 문장을 조약에 포함하지는 않았지만, 우리가 이 지구에서 살아갈 때 잊어서는 안 되는 내용입니다.

지구는 인간만의 것이 아니야.

● 생물 다양성을 지키기 위해서

생물 다양성 협약

지구상의 생물 다양성을 지키기 위해 세계의 각 나라들이 맺은 국제 협약. 지구상의 동물, 식물, 미생물에는 방대한 종류가 있는데, 그 '종' 자체의 다양성 외에도 '유전자'와 '생태계' 수준에서 생물의 다양성을 지키고, 먹거리와 의약품으로 또 물과 공기를 제공하는 식물 자원으로 계속해서 이용하는 것을 목적으로 하고 있어요. 1992년 6월 유엔 환경 개발 회의(UNCED)에서 158개국 정부 대표가 서명해 채택하였으며, 1993년 12월 29일부터 국제적으로 발효되었어요. 우리나라는 1994년에 가입했고 1995년 1월부터 발효했어요.

아이치 목표

아이치 목표란 생물 다양성을 지키고 2050년에 자연과 공생하는 세계를 실현하기 위해서 각국이 2020년까지 노력해야 할 20개의 목표를 말해요. 2010년에 아이치현 나고야에서 열린 유엔의 생물 다양성 협약 제10회 당사국 총회(COP10)에서 채택되었어요. 그러나 2020년 9월, 유엔의 생물 다양성 협약 사무국은 아이치 목표가 어느 항목도 완전하게는 달성되지 못했다고 발표했어요. 2030년까지의 다음 10년을 향한 '포스트 아이치 목표'가 2021년에 채택되었어요.

개체군 뜻풀이
한 지역에 사는 같은 종의 개체 집단.

시를 지을 수 있는 건 생태계 덕분?

자연은 우리의 감성을 자극해서 생활을 풍요롭게 해요

우리는 자연 생태계로부터 여러 가지 '생태계 서비스'를 받으며 생활하고 있어요. 예를 들면 시를 짓고 음악을 만드는 것처럼 생활을 풍요롭게 하는 일도 그 한 가지예요. 벚꽃과 단풍을 보며 계절을 느끼고, 등산을 통해 풍부한 감성을 키우는 것처럼 우리는 정신적, 문화적, 교육적 서비스도 자연 생태계에서 얻고 있어요. 그 밖에도 에너지와 물자 등 생활의 많은 부분에서 생태계의 혜택을 받고 있어요.

◯ 생태계 서비스

우리 삶에 반드시 필요한 것 가운데 자연계에서 받는 혜택을 '생태계 서비스'라고 해요. 예를 들면 맛있는 물과 깨끗한 공기, 작물을 키우는 영양 풍부한 토양, 음식, 약, 입을 것, 에너지, 안전한 주거지, 평온함을 느낄 수 있는 장소 등 우리 주변을 둘러보면 그 시작은 모두 생태계 서비스, 또는 생태계 서비스를 만들어 내는 자연 생태계에 이릅니다. 지구 전체의 생태계 서비스를 돈으로 계산하면 1년에 평균 2경 8,898조 원이나 된다고 해요.

◯ 우리가 받는 혜택

인간이 자연에서 받는 혜택에는 여러 가지가 있어요. 쌀, 고기, 물고기, 채소 같은 먹거리 제공은 물론이고 생태계는 병원균의 극단적 발생도 억제해 주어서 병 예방에도 도움이 돼요. 또 나비와 벌 같은 곤충이 농작물의 가루받이인 수분을 하는 것도 혜택 가운데 하나입니다. 벌이 꽃가루인 화분을 운반해서 수분하고 과일, 채소, 커피, 카카오, 향신료 등을 성장시키는 작용을 돈으로 매겨 보면 무려 연간 210조나 된다고 해요.

생태계 서비스에는 네 종류가 있다고 해.

❶	공급 서비스	먹거리, 목재, 의류 그리고 물 등 의식주에 필요한 것을 얻을 수 있어요. 작물의 품종 개량과 의약품 제조에 반드시 필요한 유전자 자원도 공급해요.
❷	조절 서비스	자연이 조절되어 얻는 서비스. 예를 들면 생태계가 대기와 물을 깨끗하게 하고, 기후를 조절하며, 대기와 물을 정화함으로써 우리가 살기 편한 환경이 유지돼요. 벌에 의한 수분도 조절 서비스 중 하나예요.
❸	문화 서비스	자연 생태계에서 얻는 정신적, 문화적, 교육적 서비스를 말해요. 예를 들면 마음의 평안을 얻을 수 있고, 지역 특색이 풍부한 풍토와 문화가 자랄 수 있고, 아이들의 감성이 자라는 것을 기대할 수 있어요.
❹	기반 서비스	다른 생태계 서비스의 기반이 되는 것이에요. 예를 들면 식물의 광합성, 영양의 근원과 물의 순환, 토양의 형성 등이 해당돼요.

생태계 서비스를 잃어버리면 우리 생활은 제대로 이루어지지 않을 거야.

산림이 황폐해지고 있다고?

보살피는 사람이 줄었기 때문이에요

다양한 동식물과 곤충이 사는 산림이 점점 황폐해지고 있어요. 환경이 변화하고 무분별하게 나무를 벌채한 탓도 있지만, 도시화와 고령화로 일손이 사라져 논과 잡목림을 보살피지 못한 것도 한 가지 이유예요. 방치된 잡목림에는 햇볕이 들어오지 못해 대나무와 덤불 등이 무성해져 다양한 생물이 살 수 없는 환경이 되어 버려요.

◯ 보호림은 어떤 곳이야?

보호림은 특정 목적에 따라 보호 조치가 지정된 산림을 뜻해요. 특히 학술 연구 등의 목적으로 특별히 보존할 가치가 있는 원시림이나 고산 식물 지대, 희귀 식물 자생지 등은 '산림법'에 따라 천연 보호림으로 지정해서 사람들의 손길로부터 보호하고 있어요. 1950년대 무분별한 산림 훼손에 따른 산림의 황폐화를 막기 위해 국가에서 보호림을 지정하기 시작했어요.

◯ 황폐해진 산과 논

석유와 가스 같은 연료와 화학 비료의 보급으로 잡목림을 땔나무로 베거나 퇴비를 만드는 일이 없어졌어요. 방치된 잡목림은 나무가 너무 자라서 햇볕이 들지 않아 다양한 생물이 살기에는 적합하지 않은 환경이에요. 그리고 농촌 사회의 인구 감소와 고령화 현상으로 경작하지 못하게 된 논이 늘어나면서 논밭이 황폐해져 잡초와 해충이 늘어나는 문제가 발생했어요. 또 사람들이 이전처럼 죽순을 따지 않게 되자 밀집한 대나무 숲이 넓어지면서 산사태가 발생해 피해를 입고 있어요.

5장 ● 생물 다양성을 지키자

◯ 서식지를 잃은 동물들

산림이 황폐해지면서 서식지를 잃은 동물도 많아요. 서식지를 잃은 몇몇 동물을 소개할게요.

반딧불이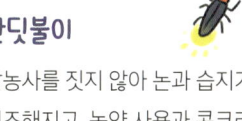

쌀농사를 짓지 않아 논과 습지가 건조해지고, 농약 사용과 콘크리트로 용수로를 만들면서 개체 수가 줄고 있어요. 그러나 적극적으로 보호 활동을 벌인 덕분에 반딧불이가 돌아온 곳도 있다고 해요.

참새

논밭이 줄고, 농기계의 발전으로 떨어지는 벼 이삭이 급감해 먹이가 부족해지자 1960년대보다 10분의 1까지 그 수가 줄었어요.

산토끼

산토끼가 좋아하는 환경인 초원이 줄어 개체 수가 감소하고 있어요.

💬 지자체에서 산림 보호 활동을 할 필요가 있어.

💬 송이버섯도 소나무가 말라서 생산량이 줄었다고 해.

퇴비  뜻풀이

짚과 마른 풀, 마른 잎, 소와 닭의 똥 등을 겹겹이 쌓아 발효시켜 만든 비료.

함께 생각해요

생존 법칙

생물들은 살아남기 위해 주변 환경에 맞춰 모습과 크기 등을 변화시켜 왔어요. 사람과 토끼 같은 포유류, 닭과 백조 같은 조류는 체온을 항상 일정하게 유지하는 항온 동물이에요. 항온 동물의 환경 적응을 잘 알 수 있는 세 가지 법칙이 있어요.

생물의 색이 추운 장소에서는 밝고, 무더운 장소에서는 어두워지는 것을 '클로저의 법칙'이라고 해요. 예를 들면 북극에 사는 올빼미는 하얗고, 적도 가까운 곳에 사는 올빼미는 검은색이에요.

또 기온에 따라 몸의 형태가 변화하는 것을 '알렌의 법칙'이라고 해요. 여우의 귀를 비교해 보면, 추운 곳에 사는 북극 여우의 귀는 더운 사하라 사막에 사는 아프리카 여우보다 굉장히 작아요. 이는 우리가 추운 겨울에 몸을 움츠리는 것과 비슷한데, 몸의 표면적을 줄여서 체온을 보존하는 것이에요.

그리고 새하얀 북극곰은 따뜻한 곳에 사는 말레이 곰보다 몸집이 큽니다. 항온 동물은 추운 곳에 사는 생물일수록 몸이 크고 체중도 무거워집니다. 이것을 '베르크만의 법칙'이라고 해요. 우리가 추울 때 상의를 많이 입어 몸이 커지는 것과 비슷하죠.

이처럼 생물은 각자의 환경에 맞게 모습을 바꾸면서 자손을 남겨 왔어요.

6장
지구의 미래를 생각하자

날씨가 맑은데도 왜 비행기가 날지 못해? ─ 170

식량이 부족하면 곤충도 중요한 영양원? ─ 174

신종 코로나 바이러스도 환경 문제 때문이라고? ─ 178

지구 온난화를 멈추기 위한 세금이 있다고? ─ 180

환경 문제는 누가 해결하는 거야? ─ 184

날씨가 맑은데도 왜 비행기가 날지 못해?

짙은 스모그로 뒤덮인 인도문(인도 뉴델리, 2023년 11월)

대기 오염 때문에 맑은 날에도 날지 못해요

인도와 중국에서는 초미세먼지(PM2.5)와 황사 때문에 대기가 오염되어 날이 맑아도 푸른 하늘이 보이지 않아요. 대기 오염이 심할 때는 시야가 너무나도 나빠 학교가 휴교하거나, 비행기도 날지 못해요. 그만큼 공부와 일을 하지 못하니 경제에도 영향이 나타납니다. 이처럼 전 세계에서 일어나는 환경 문제는 우리의 경제 활동에 큰 영향을 끼칩니다.

○ 국경을 넘는 환경 문제

글로벌화되면서 전 세계의 상품을 쉽게 살 수 있게 되었고, 전 세계 사람들과 소통하기도 쉬워졌어요. 또한 환경 문제도 세계 공통의 과제로 전 지구적 대책이 필요해요. 앞으로 지구 온난화에 효과적인 대책을 마련하지 못하면 환경 문제에 따라 발생하는 손실과 대처 비용이 2030년에는 약 2,144조나 된다고 해요.

변화하는 지구 환경

지구 온난화로 지금까지 농작물이 잘 자라지 않았던 북쪽의 추운 지역에서도 농작물이 자라기 시작했어요. 또 북극 얼음이 녹아 새로운 무역 항로가 열리기도 하고요. 반대로 남쪽에서는 가뭄과 해면 상승으로 고민하는 나라도 늘어났어요.

기후 난민

해면이 상승하면서 키리바시와 투발루, 몰디브 같은 섬나라는 이대로 가면 국토가 물에 잠겨 사람이 살지 못하게 돼요. 또 식량 부족과 물 부족, 홍수 등으로 다른 지역이나 나라로 피난과 이주를 해야만 하는 사람도 많고요. 2020년 1월, 유엔은 기후 변화로 인한 난민을 인정했어요. '기후 난민'이 국제적 문제라는 사실을 인정한 것이죠.

심해지는 자연재해

유엔 발표에 따르면, 1998년부터 2017년 사이의 자연재해 탓에 세계 전체의 경제 손실액은 약 2,830조로 지난 20년과 비교하면 약 2배 증가했어요. 지진을 제외한 재해는 대부분이 이상 기후 때문이며 호우, 홍수, 가뭄, 산림 화재, 극단적 기온 순이에요. 나라별로는 허리케인과 산림 화재가 많은 미국, 홍수가 잇따르는 중국, 태풍과 지진이 잦은 일본이 상위를 차지하고 있어요.

세계의 자연재해에 따른 손실

지진
6,610억 달러

홍수
6,560억 달러

호우
1.33조 달러

극단적 기온
610억 달러

산림 화재
680억 달러

가뭄
1,240억 달러

국경을 넘는 환경 문제는 경제 활동에도 큰 영향을 끼치는구나.

글로벌화

  뜻풀이

국경을 넘어서 사람과 물건, 자금, 정보의 연결이 긴밀해져서 세계가 하나처럼 되는 것. 글로벌리제이션이라고도 해요.

● 선진국과 환경 문제

선진국에서는 글로벌화된 다양한 기업이 이익을 추구하며 생산을 해요. 이익을 올리기 위해 과잉 생산, 글로벌화에 따른 에너지 사용량 증가, 거기에다 사람의 건강에 나쁜 영향을 주는 유해 폐기물의 국외 이동 등 고도의 경제 활동으로 점점 복잡하고 다양한 문제가 일어나고 있어요.

● 개발 도상국과 환경 문제

개발 도상국에서는 빈곤을 해결하고 늘어난 인구를 부양하기 위해서 필요 이상으로 논밭을 경작하거나 방목을 해요. 나아가서는 산림의 재생 능력을 넘는 무분별한 벌채로 환경 기능이 심각하게 떨어지고 있어요. 악화된 환경에서 충분한 자원과 먹거리를 얻는 건 쉬운 일이 아니기에 격차는 더 커지고, 환경 문제와 빈곤 문제는 좀처럼 해결되지 않고 있죠.

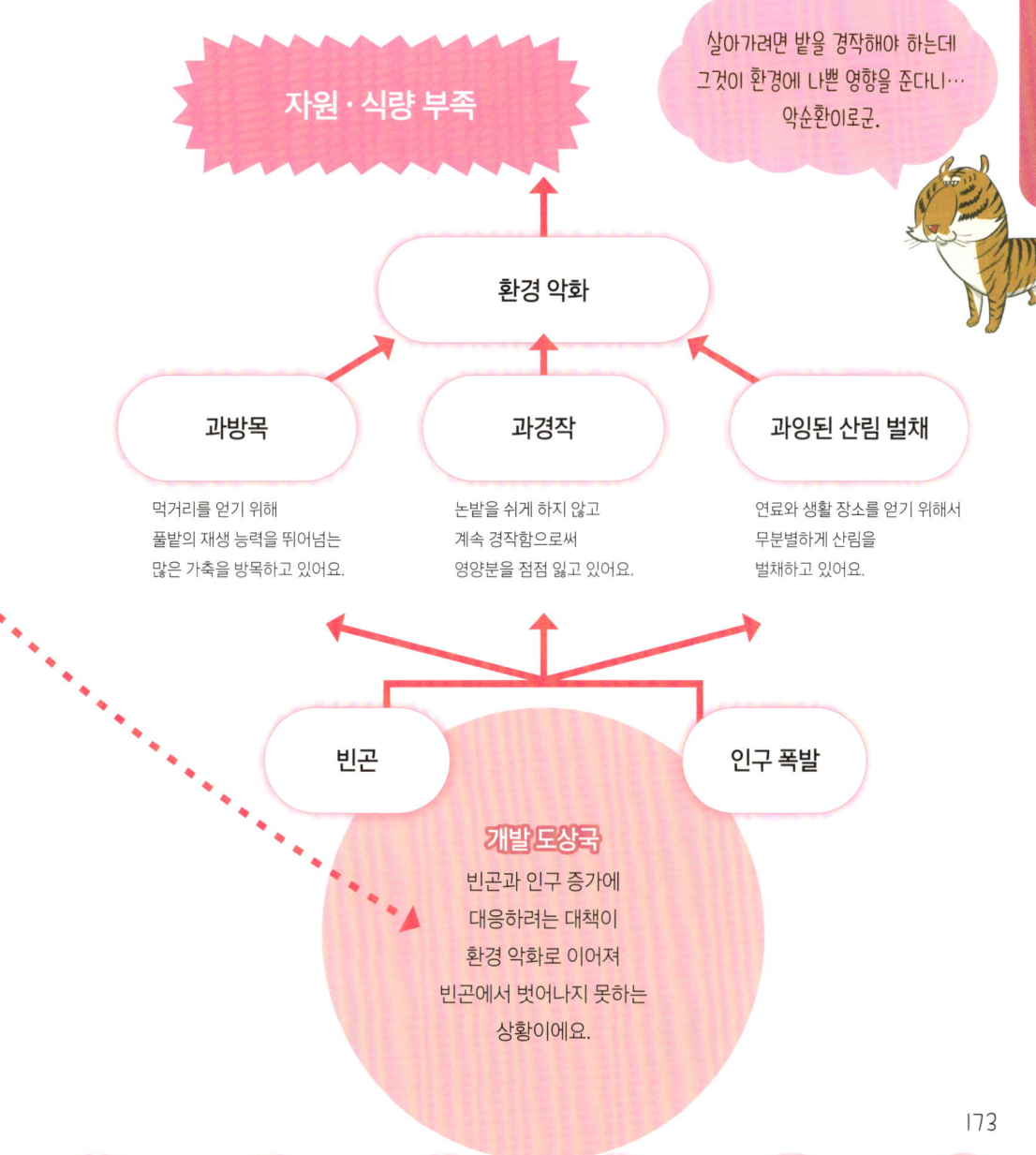

식량이 부족하면 곤충도 중요한 영양원?

식량 위기는 점점 심각해지고 있어요
곤충 식량도 해결책 중 하나예요

세계 모든 사람이 먹을 수 있는 충분한 식량이 생산되는데도, 오늘날 대략 아홉 명 가운데 한 명이 기아 상태이며 세 명 가운데 한 명이 영양 부족에 시달리고 있어요. 이와 같은 식량 위기는 점점 심각해지고 있는데, 해결 방법으로 곤충 식량이 주목 받고 있어요. 또 유전자 변형도 식량 생산을 늘리기 위한 하나의 방법이에요.

🔴 식량 부족의 원인은?

매일 남은 식품을 버리는 우리 입장에서, 식량 부족으로 힘들어하는 사람들이 있다는 사실은 상상하기 어려울지도 모릅니다. 그러나 세계에는 8억 2천 명 이상이나 되는 사람이 기아에 시달리고 있어요. 식량 부족의 원인은 주로 세 가지예요.

'기아'란 건강하고 활동적인 생활에 필요한 식량을 충분히 얻지 못하는 거래!

원인 ① 자연재해
심한 더위·가뭄·홍수·폭풍우 등의 자연재해는 농업에 큰 영향을 끼쳐 농작물의 생산을 방해해요. 특히 이상 기후에 의한 가뭄이 심각해서 농축산물 생산 피해의 원인 80%를 차지하고 있어요.

원인 ② 극도의 빈곤
식량 문제는 빈곤 문제와도 깊은 연관이 있어요. 충분한 수입이 없으면 식량을 확보하거나 생산할 수가 없어요. 게다가 빈곤으로 교육을 제대로 받지 못해 농업과 영양에 관한 지식을 익히지 못하는 것도 기아에서 벗어나지 못하는 원인이에요.

원인 ③ 식량 불균형
전 세계에서 만들어지는 식품의 3분의 1이 버려지고 있어요. 선진국에서는 남은 식품을 버리고, 개발 도상국에서는 기아 인구가 늘어나는 '식량 불균형'도 문제입니다.

세계 최초로 귀뚜라미 라면을 개발한
일본의 시노하라 유타

곤충 식량을 연구하고 보급하려고 노력하는 일본의 시노하라 유타는 2015년에 세계 최초로 '귀뚜라미 라면'을 개발하였고, 곤충 식량 전문 식당도 경영하고 있어요. 유엔은 곤충을 '고단백이며 환경 부담이 적어 지속 가능성이 높은 식재료'라고 발표하며 식량으로 권장하고 있어요. 시노하라가 개발한 귀뚜라미 라면은 한 그릇당 100마리의 귀뚜라미를 스프로 이용하고 있어요. 시노하라 유타는 손님이 곤충 식량을 먹고 '맛있다!'고 하거나, 곤충에 대한 부정적 이미지가 사라졌다고 할 때 보람을 느낀다고 해요. 곤충 식량을 많은 사람에게 알리기 위해 노력하고 있어요.

● 유전자 변형 작물

유전자 변형 작물이란 특정 기능을 가진 유전자를 넣은 농작물을 말해요. GM작물이라고도 부릅니다. 유전자 변형 작물은 해충에 강하고 제초제를 뿌려도 마르지 않는 특징이 있어 안정적으로 식량을 대량 생산하는 데에 적합하죠.

● 안전성은?

유전자 변형 작물 기술은 아직 시작 단계라 불안을 느끼는 사람들도 있어요. 그렇기 때문에 식품으로 판매할 때는 '유전자 변형'을 표시하도록 법률로 정했어요. 또 유전자 변형 작물이 알레르기의 원인이 되거나 잡초 역시 제초제에 강하게 되는 건 아닌지 연구하는 이들도 있어요.

● 유전자 변형 식품

유전자 변형 작물을 가공한 식품을 '유전자 변형 식품'이라고 부릅니다. 다음은 대표적인 유전자 변형 식품입니다.

● 충분한 식량을 전 세계 사람에게

기아에 시달리는 사람의 약 75%는 개발 도상국의 농촌 지역에 사는 가난한 농가의 사람들이에요. 기아가 가장 많이 퍼져 있는 지역은 아프리카이지만, 기아 인구가 가장 많은 곳은 아시아(특히 남아시아)로 5억 명 이상이나 되는 사람들이 기아로 고통 받고 있어요. 기아가 일어나는 이유는 기후, 분쟁, 빈곤 때문이에요. 이와 같은 문제를 해결하고자 SDGs는 두 번째 목표로 '안전하고 영양가 있는 식량을 안정적으로 전 세계 사람들에게 공급하는 것'과 '투자와 기술 발전을 통해서 지속 가능한 농업 시스템을 구축하는 것'을 내걸고 있어요.

영양가 높은 학교 급식을 제공해요

유엔 세계 식량 계획(WFP)은 영양이 부족한 아이들에게 영양가 높은 학교 급식을 제공하고 있어요. 학교에 다니는 계기가 되기도 해서 교육의 기회도 넓히고 있어요.

고기를 사용하지 않는 고기 개발

완전히 새로운 형태의 식품을 공급하거나 조리법을 고안하는 '푸드 테크' 기술이 확대되고 있어요. 고기를 사용하지 않는 고기인 '대체육'의 개발과 농작업을 자동화하는 로봇 트랙터 개발이 주목 받고 있어요.

식량 문제를 해결하는 곤충 식량

2013년 유엔 식량 농업 기구(FAO)가 식량 문제 해결책의 한 가지로 곤충을 식용이나 가축 사료로 권장하는 보고서를 공개했어요. 그것을 계기로 '곤충 식량'이 주목 받고 있어요. 세계에는 약 20억 명이 1,900종 이상의 곤충류를 먹고 있다고 해요.

새로운 품종을 만들어 내는 종자 · 식물 은행

종자와 식물의 유전자 자원을 모아서 특성 평가, 보존, 배포, 정보 공개 등의 사업을 해요. 종자 또는 식물 은행 사업에 따라서 다른 특성을 지닌 품종을 교배시켜 새로운 품종을 만들어 내는 품종 개량을 할 수 있어요.

유전자 변형 기술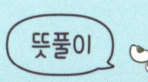

특정한 목적을 가진 단백질을 만들기 위해 어떤 생물의 유전자를 꺼내 개량하려는 생물의 세포에 집어넣어 새로운 성질을 추가하는 기술. 1973년에 S.코헨이 처음 사용했어요.

신종 코로나 바이러스도 환경 문제 때문이라고?

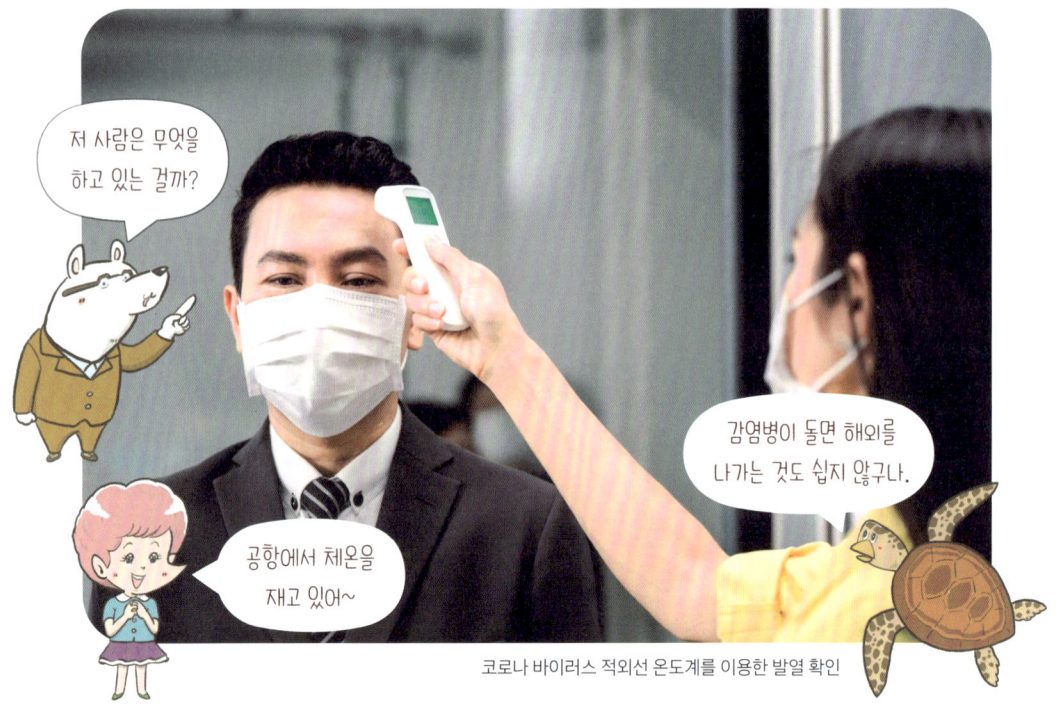

코로나 바이러스 적외선 온도계를 이용한 발열 확인

감염증도 환경 문제와 관련되어 있어요

전 세계를 휩쓸었던 코로나 바이러스 감염증(COVID-19)도 환경 문제 중 하나로 각국이 서로 협력하며 극복해야 할 문제입니다. 바이러스가 발생한 배경에는 인류가 자연을 무시하고 경제 활동을 추진한 까닭에 생태계가 파괴되었다고 보는 시각도 있어요. 우리 사회가 얼마나 자연환경과 밀접하게 연관되어 있는지를 다시 한번 생각하게 되었죠.

● 신종 코로나 바이러스 감염증

2020년에 팬데믹을 일으킨 신종 코로나 바이러스 감염증(COVID-19). 바이러스 발생 원인으로 다양한 설이 있지만, 신종 코로나 바이러스는 박쥐가 보유한 병원체로 직접 또는 식용 동물을 통해서 사람에게 감염된 것으로 파악돼요. 그리고 순식간에 전 세계로 확산된 이유는 바이러스의 감염력이 강해 무증상인 사람도 감염을 확산시켰기 때문이죠. 이는 비행기 같은 고속 교통수단이 발달했기 때문이고요. 각 나라의 국내와 국제 간의 격차가 새로운 변이체를 만들기도 했어요. 가난한 사람들은 병원에 가지 못해 백신도 접종 받지 못했어요.

● 팬데믹과 환경

인류는 여러 가지 감염증과 싸워 왔지만, 이전에는 알려지지 않았던 새로운 감염증과 과거에 발생했던 감염증이 1970년쯤부터 다시 유행하기 시작했어요.

이들 감염증의 유행은 '① 지구 온난화 ② 사람 간의 빈번한 교류 ③ 심각한 환경 파괴'가 원인이라고 해요. 지구 온난화에 따라 바이러스를 옮기는 모기 같은 생물의 활동 범위가 넓어졌어요. 그러자 지금까지 접촉이 적었던 생물과 사람들이 접할 기회가 늘어나 감염증은 쉽게 확대되었어요. 또 비행기 등을 통해 손쉽게 전 세계를 이동할 수 있게 되어 지금까지 특정 지역에서만 나타났던 뎅기열 같은 풍토병도 세계 곳곳에서 감염자가 발생했어요. 거기에 도로와 농지 개발, 방목지 개발, 자원 채굴 등에 따라 발생한 환경 파괴는 자연계에 존재하던 미지의 병원체를 지닌 동물과 접할 기회를 늘려서 새로운 감염증의 유행을 일으키기도 해요.

'검역 대책'이라는 말을 자주 듣고 있어. 무엇을 말하는 것일까?

뜻풀이

팬데믹

세계적인 대유행. 감염증이 전 세계에서 대유행해 많은 감염자가 발생하는 것을 말해요.

지구 온난화를 멈추기 위한 세금이 있다고?

석유와 가솔린에 세금이 붙어 있어요

지구 온난화의 한 가지 원인인 이산화 탄소의 배출을 줄이기 위해서, 전기와 가스 그리고 가솔린에는 세금이 붙어 있어요. 지구 온난화의 원인이 되는 이산화 탄소를 공기 중에 배출하면 세금을 지불해야만 하는 구조입니다. 우리나라에서는 1992년부터 휘발유나 LNG(액화 석유 가스) 등에 비해 오염 물질을 많이 배출하는 경유 자동차 소유자에게, 오염에 대한 복구 비용을 부담시키는 환경 개선 부담금을 부과하고 있어요.

● 환경 개선 부담금은 누가 내는 거야?

우리나라에서는 환경 오염 물질을 다량으로 배출하는 건물과 시설물의 소유자나 점유자에게 부과하고 있습니다. 한 마디로 오염 물질 처리 비용인 셈이죠. 경유 자동차를 소유하고 있는 사람도 납부 의무자예요. 같은 경유차라도 저공해 자동차 인증을 받으면 환경 개선 부담금을 면제받을 수 있어요. 저공해 자동차의 종류에는 전기 자동차, 태양광 자동차 같은 친환경 자동차가 있어요. 이렇게 모은 환경 개선 부담금은 환경 오염 방지 사업, 환경 과학 기술 개발비, 환경 정책 연구 비용 등에 사용해요.

● 세계의 환경세

세계 각 나라에도 여러 가지 환경세가 있어요. 예를 들면 핀란드, 노르웨이, 덴마크, 네덜란드에서는 이산화 탄소에 착안해 '탄소세'를 도입하고 있어요. 또 영국의 수도 런던에는 '정체세'가 있어요. 정체를 해소하고 대기 오염의 원인이 되는 물질과 이산화 탄소의 배출량을 줄이기 위해 2003년에 도입했어요. 2019년부터는 초저 배출 구역을 마련해 이산화 탄소의 배출량이 많은 차에 무거운 세금을 매기고 있어요.

프랑스에서는 항공권에도 환경세가 부과되고 있어.

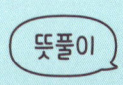 

탄소세

화석 연료의 연소로 배출되는 이산화 탄소에 붙는 세금. 이산화 탄소를 배출한 사람이 배출량에 맞는 세금을 지불하는 구조. 1990년에 핀란드가 세계에서 처음으로 도입했어요.

○ 이산화 탄소를 배출하지 않고 생활이 가능해요?

우리는 호흡하며 살아가고 있어요. 즉 이산화 탄소를 전혀 배출하지 않고서는 살아갈 수 없어요. 그렇다고 지금처럼 이산화 탄소가 대량으로 나오는 생활을 계속하면, 지구 온난화가 점점 심해져 결국 우리는 지구에서 살아가지 못하게 돼요. 일상생활에서도 이산화 탄소를 줄이는 것이 중요해요.

생활 속에서 이산화 탄소를 줄이는 노력

- 자동차 이용하지 않기 2.04톤
- 대중교통 이용하기 0.98톤
- 냉난방 줄이기 0.795톤
- 전기 자동차 운행하기 1.95톤
- 건물 그린 리모델링 0.895톤
- 조리 기구 바꾸기 0.65톤
- 장거리 여행 안 하기 1.68톤
- 채식주의 식단 0.8톤
- 재생 에너지로 난방하기 0.64톤
- 재생 에너지 사용하기 1.6톤

* 연간 1인당 평균 이산화 탄소 배출 감소량

○ 파리 기후 변화 협약

2020년 이후의 지구 온난화 대책을 위한 국제적인 협약입니다. 일본은 파리 기후 변화 협약에 기초해 '2050년까지 80%의 온실가스 배출 감축', '가능한 한 빨리 탈탄소 사회 실현하기' 이렇게 두 가지 목표를 내걸었어요. 온실가스의 배출을 80% 줄이려면 ① 가정과 회사 등 사회 인프라에서 필요한 열원을 모두 전기로 공급하거나 또는 수소 에너지를 이용하기 ② 자동차와 전차, 비행기 등의 이동 수단 에너지를 전부 제로 에미션(산업 활동에서 폐기물이 나오지 않게 하는 새로운 순환형 산업 시스템)으로 바꾸기 ③ 발전을 100% 비화석으로 해 석유 등을 태우지 않기 ④ 산업 분야에서는 농림 수산업, 철강 산업·화학 산업 등에서 온실가스를 배출하지 않기와 같이 4가지를 달성해야 합니다. 온실가스 배출을 감축한 후에는 배출된 이산화 탄소를 회수해 실질적인 배출량을 제로로 하는 탄소 중립이 다음 목표예요.

● 세계의 노력

이산화 탄소의 배출량 감축은 세계가 하나가 되어 대처해야 하는 문제예요. 세계 각국에서 어떤 활동을 하는지 살펴봅시다.

독일/국가 수소 전략

독일에서는 화석 연료를 대신하는 수소 연료를 확대하는 데 힘을 쏟고 있어요. 독일을 대표하는 자동차 제조사 '다임러'도 연료 전지로 움직이는 트럭을 발표하는 등 기업에서도 개발 중이라고 해요.

덴마크/발전소 위의 스키장

코펜하겐에서는 '아마게르 바케(Amager Bakke)'라는 폐기물 발전소 위에 스키장을 만들어 도시 자원으로 사용하고 있어요. 폐기물 발전소에서 1톤의 이산화 탄소가 대기 중으로 방출될 때마다 굴뚝에서 고리 모양의 수증기로 배출되는 구조예요.

홋카이도 시모카와/목질 바이오매스 지역열 공급

공공시설의 열 공급 중 68%를 마을 산림에서 나온 목질 바이오매스로 전환해 이산화 탄소와 연료비를 감축했어요. 그리고 남은 돈으로는 의료와 보육, 학교 급식 비용을 보조해 탈탄소뿐만 아니라 지역 발전을 도와요.

> 탈탄소는 간단하지는 않지만 다 함께 노력해야만 해.

 뜻풀이

제로 에미션

인간이 활동하면서 발생시키는 배출물을 끝없이 제로로 만드는 것. 매립지에 가는 쓰레기를 제로로 만드는 것이 목적으로 유엔 대학이 1995년에 주장했어요.

사회 인프라

사회와 생활을 뒷받침하는 공공 기반과 시스템. 도로와 항구, 공항, 상하수도, 전기·가스, 의료, 소방·경찰, 행정 서비스 등을 가리켜요.

환경 문제는 누가 해결하는 거야?

기후 및 지구 온난화에 반대하는 젊은이들이 플래카드를 들고 있다(프랑스, 2023년).

미래를 살아가는 건, 우리 자신!

지구 온난화, 기후 변화, 산림 파괴, 생물의 멸종 같은 환경 문제는 어딘가 먼 곳에서 발생하는 일일까요? 아니요, 이것들은 바로 우리 가까운 곳에서 일어나고 있어요. 인간이 자원을 지나치게 사용해서 지구 환경의 균형이 무너져, 미래의 지구에서 지금처럼 살지 못하게 될 가능성이 커지고 있어요. 미래의 주역은 우리예요. 여러분이 어른이 되었을 때 자연이 풍부하며 살기 좋은 지구에서 살 수 있도록 지금 바로 행동합시다.

○ 지구의 미래는 어떻게 될까요?

우리는 지구 자원을 이용해 풍요로움과 편리함을 손에 넣어 왔어요. 그러나 이러한 인간의 활동으로 지구 환경이 파괴되기 시작했죠.

가장 큰 문제는 기후 변화입니다. 지구 온난화의 원인이 되는 온실가스가 이대로 계속 늘어나면 2100년에는 세계 평균 기온이 3.2℃나 오를 것으로 예측돼요.

또 이대로 지구 온난화가 진행되면 홍수와 가뭄이 점점 늘어나요. 바다 온도도 높아져 산호가 백화되거나 죽는 등 생태계에도 커다란 영향을 미치죠.

6장 ● 지구의 미래를 생각하자

미래를 만드는 건 우리 자신

우리가 이대로 매년 같은 양의 쓰레기를 배출하면, 앞으로 21.6년 뒤에는 처리장이 가득 찰 거라고 해요. 즉 여러분이 어른이 될 무렵에는 쓰레기를 묻을 장소가 없어져 버리고 맙니다. 또 세계 바다에는 연간 800만 톤의 해양 쓰레기가 흘러들어 오고, 2050년에는 바닷속의 플라스틱 쓰레기가 물고기의 양을 넘는다고 해요. 숲으로 눈을 돌려보면 온난화에 따른 더위와 건조 때문에 산불이 늘어나 2050년까지 브라질의 아마존 남부에서는 열대림의 최대 16%가 타 버릴 가능성이 있다는 조사 결과도 있어요.

이와 같이 가까운 미래로 다가오고 있는 지구의 위기에 우리는 어떻게 맞서야만 할까요. 세계에서는 많은 젊은이들이 지구를 지키기 위해 목소리를 높이며 행동에 나서고 있어요. 여러분이 미래에 그리는 지구는 어떤 모습인가요? 어른이 되었을 때, 마음에 그렸던 미래가 그곳에 펼쳐질 수 있도록 우선은 문제를 파악하고 스스로 무엇을 할 수 있는지를 생각해 하나씩 실행하는 것이 중요하답니다.

● 우리의 활동이 미래를 바꿔요!

지금 이 시간에도 전 세계에서 환경 문제를 해결하기 위해 노력하는 젊은이들이 많습니다. 어떤 활동을 하고 있는지 살펴볼까요?

미래를 위한 금요일

그레타 툰베리

2019년도 노벨 평화상에 지명되었던 그레타 툰베리(당시 17세). 처음에는 오직 혼자서 항의 활동을 시작했어요. 매주 금요일에 실시했던 활동은 SNS를 통해 같은 세대인 젊은이들의 공감을 불러, 온난화 대책을 요구하는 운동이 국경을 넘어서 확산되었어요. 이 운동은 '미래를 위한 금요일'이라고 불렸으며, 2019년 9월에는 뉴욕에서 열린 유엔 기후 행동 정상 회의에 맞춰서 전 세계의 젊은이가 시위를 하는 큰 규모로 확대되었어요.

탄소 제로 범선을 타고
대서양을 건너는 그레타 툰베리

히야시

무라키 카즈미

지구 온난화를 멈추는 방법부터 화성 이주 실현까지 연구하는 연구기관 CRRA의 대표이자 도쿄 대학을 나온 무라키 카즈미. 고등학교 2학년 때 이산화 탄소 회수 장치인 '히야시'를 개발해, 2017년도 일본 총무성이 주최한 '남다른 능력 vation 프로그램'에 뽑힌 젊은 화학자입니다. 이대로 가면 지구 온난화를 대폭적으로 개선할 수 없다고 판단해, 무라키는 'CO_2의 배출량을 줄이는 것뿐만이 아니라, 대기 중의 CO_2를 줄여서 마이너스로 할 필요가 있다'고 말하며, 신형 '히야시3'와 CO_2에서 가솔린을 만드는 '소라린 계획'을 추진했어요.

종이 빨대 사용

마일로 크레스

2011년, 9살이었던 마일로 크레스는 미국에서 하루에 5억 개나 되는 빨대가 사용된다고 발표했어요. 마일로는 직접 기업에 전화를 걸어 빨대의 사용 개수를 확인한 거예요. 그리고 'Be Straw Free(빨대 없이 이용)' 운동을 시작해서, 식당들에 손님이 요청할 때만 빨대를 내주도록 부탁했어요. '1일 5억 개'라는 말이 계속 퍼져서, 현재는 플라스틱 빨대가 아니라 종이 빨대를 사용하는 움직임이 자연스레 확산되었지요.

대량으로 묶여서 팔리는 플라스틱 빨대

바이바이 비닐봉지

위즌 자매

2019년 발리섬에서는 일회용 비닐봉지, 빨대, 발포 스티롤 제품 사용을 금지했어요. 이러한 탈플라스틱 운동은 당시 12살과 10살이었던 멜라티 위즌과 여동생 이자벨이 2013년에 시작한 것이 계기였어요. 자매는 '바이바이 비닐봉지'라는 캠페인을 시작해서 6년에 걸쳐 탈플라스틱에 성공했어요. 언니인 멜라티는 젊은이들이 행동하기 위한 'YOUTHTOPIA'라는 플랫폼을 만들어 미래 활동가들을 지원하고 있어요.

● 미래를 살아갈 우리가 할 수 있는 일

지금 세계에서는 인터넷과 SNS 등으로 전 세계 사람들과 간단하게 이어질 수 있어요. 혼자만 호소해서는 확실하게 전달되지 않습니다. 의문을 느꼈다면 친구나 어른들에게 이야기해 볼까요? 가족과 선생님, 기업인, 정치가에게도 말이에요. 모르는 것에 답을 알려줄 사람들이나 함께 행동에 나설 친구들이 분명히 있을 거예요. 중요한 것은 목소리를 높이고 행동하는 것이에요.

주변에서 문제를 발견했다면 동네와 시, 구, 정부에까지 목소리를 전합시다. 분명 공감해 주는 어른이 있을 거예요. 기업에서 일하는 사람들도 그런 활동을 찾고 있어요. '환경 활동가'로 일하는 젊은이도 늘어나고 있어요. 모두 '어떻게든 해야만 해요'라고 생각하는 것이에요. 한 사람의 목소리가 세계를 움직이는 시대가 찾아왔어요. 환경 문제는 지금 바로 행동해야만 하는 긴급한 문제랍니다.

오늘의 행동이 내일의 지구를 바꾸어 가. 우리가 할 수 있는 일은 무엇일까? 스스로 할 수 있는 일부터 시작해 보자!

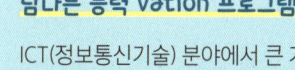
남다른 능력 vation 프로그램

뜻풀이

ICT(정보통신기술) 분야에서 큰 가능성이 있고 기상천외하며 가치 있는 기술 과제에 도전하는 것을 지원하는 일본 정부의 프로그램.

SDGs란 무엇일까?

SDGs는 유엔 지속 가능 발전 정상 회의에서 채택한 2030년까지 세계가 달성해야 할 17개의 목표예요. Sustainable Development Goals의 약자로 지속 가능한 발전 목표라고 하며, 모든 시대의 모든 사람들을 위한 목표이기도 해요. 2015년 유엔에서 전 세계 나라의 대표가 모여 미래를 위해 결정했어요. 한 사람이 17개의 목표를 위해 '지금 내가 할 수 있는 것'을 시작하면 지속 가능한 사회로 이어진다는 내용을 담고 있어요. SDGs는 17개의 목표와 169개의 세부 항목을 구성해 구체적 사고방식과 대책을 마련했어요. 인간·풍요로움·지구·평화·파트너십의 다섯 개 요소가 있으며 누구 한 사람도 소외시키지 않겠다는 생각으로 정해졌어요.

SDGs의 목표를 '환경 문제'라는 시점에서 살펴보면 사회는 여러 가지로 이어져 있는 걸 알 수 있어.

우리가 평등하게 생활하고 일할 수 있게 하는 '사회권'에 관련된 목표야.

빈곤과 기아 걱정 없이 모든 사람이 건강하게 살며 교육을 보장 받고 성별 등으로 차별 받지 않으며, 깨끗한 에너지를 사용하고, 계속 살 수 있는 마을을 만들며, 평화롭고 공정한 조건 아래에서 살아가도록 하는 게 주된 목표입니다.

6장에서 '물'에 관한 문제를 소개하고 있어.

우리가 살아가는 데 토대가 되는 '환경(생물)권'과 관련된 목표야.

안전한 물을 모든 사람이 사용할 수 있게 하는 것과 지구의 기후 변화를 가능한 한 억제하는 것 그리고 바다와 땅의 환경을 보전해 다양한 생물이 살아가게 하는 것이 목표입니다.

SDGs란 무엇일까?

이런 목표를 나라와 기업, 전 세계의 모든 사람이 협력해서 실현하자는 '파트너십'에 관한 목표야.

'모든 사람에게'가 중요하구나!

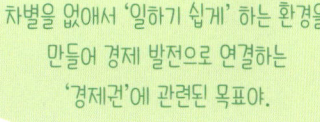

차별을 없애서 '일하기 쉽게' 하는 환경을 만들어 경제 발전으로 연결하는 '경제권'에 관련된 목표야.

모두가 활기차게 보람을 느끼며 일하고, 불평등과 무책임한 대응은 그만두며, 산업과 기술을 진보시켜 경제를 발전시키려는 목표예요.

기후 변화에는 바로 대책을 세워야만 해.

2장에서는 쓰레기 문제 3장에서는 자원과 에너지 4장에서는 토양 문제를 소개하고 있어.

SDGs를 조금 더 자세히 살펴보자.

'환경(생물)' '사회' '경제'라는 세 개의 층으로 이루어진 목표를 우리 모두가 '파트너십'으로 협력해서 달성하는 거야.

지구상에 있는 전 세계 사람들을 빈곤에서 구하자

세계에는 빈곤 상태에 처한 사람이 아직도 많습니다. 전 세계의 모든 사람이 기본적인 생활 수준에 도달하는 것이 SDGs의 첫 번째 목표예요.

모든 사람에게 영양을 공급하도록 농업을 권장하자

전 세계 사람이 안전하고 영양가 있는 음식을 충분히 얻을 수 있어야만 해요. 이를 위해서는 건강한 땅의 보전과 이상 기후에 지지 않는 농업 시스템도 중요해요.

모든 사람의 건강을 지키고 질병을 예방하자

모두가 건강하게 지내는 세계로 나아가는 것이 목표예요. 사망 원인이 되는 감염병과 환경 오염에 대한 대책을 세우고 원인을 제거해요.

모든 사람이 평생에 걸쳐서 교육을 받게 하자

SDGs의 달성을 위해서 교육은 중요해요. 남녀 구별 없이 모든 사람이 교육을 받음으로써 평등한 사회에 가까워질 수 있어요.

모든 사람의 차별을 없애자

지금도 전 세계에서 많은 여성이 차별과 폭력을 당하고 있어요. 이런 일은 절대로 있어서는 안 돼요. 성의 평등은 건강한 사회를 위해서 반드시 필요합니다.

모든 사람의 물과 위생을 지키자

사람은 안전한 물을 마셔야만 살아갈 수 있어요. 전 세계 사람의 생명을 지키기 위해서는 수자원 보전과 평등한 분배가 필요해요.

우리나라에서는 수도꼭지를 틀면 당연히 물이 나오는데, 이 물은 어디에서 와서 어디로 가는 것일까.

SDGs는 나라, 기업, 개인이 모두 노력해야만 해.

일을 하는 보람과 기술 혁신 등 기업이 노력할 목표도 있지만 우리가 할 수 있는 일도 있어.

모든 사람이 신뢰할 수 있는 에너지를 지키자

우리의 생활은 에너지로 유지되고 있어요. 보다 많은 사람이 편리하게 살기 위해서는 환경에 부담을 주지 않으면서도 효율이 좋은 에너지의 사용법을 생각해야만 해요.

식품을 낭비하지 않는 것으로 나도 목표에 공헌할 수 있을 것 같아!

모든 사람이 보람 있는 일을 하게 하자

모두가 일을 함으로써 사회가 움직이고 경제는 성장합니다. 지속 가능한 사회란 모든 노동자의 환경이 제대로 갖추어져 있어서 안심하며 안전하게 일할 수 있는 사회예요.

환경을 생각한 산업을 추진하자

사람은 다양한 기술을 만들어 산업을 발달시켜 왔어요. 더욱더 연구를 진행해 환경을 보호하면서 그 혜택을 미래로 이어가자는 목표랍니다.

모든 사람의 불평등을 없애자

많은 나라에서 빈부 차이가 커지고 있어요. 인종과 종교에 따른 차별도 큰 문제고요. 많은 사람이 살기 좋은 세계를 목표로 하되 불평등에도 관심을 기울여야 해요.

환경을 보전하면서 계속 살 수 있는 마을을 만들자

안전한 집이 있어야만 화재 등으로 생명을 잃을 위험이 낮아집니다. 집과 도시 전체에서 사람의 생명과 자연환경 두 가지를 지키는 시스템이 필요해요.

에너지 절약과 자원의 효과적 활용을 추진하자

천연자원을 대량으로 사용해 물건을 만들고 다 쓴 후에 쓰레기로 버린다면 지구 환경은 계속 나빠지겠죠? 세계적으로 쓰레기양은 늘어나고 있고, 식품 로스도 큰 문제예요. 물건을 만드는 법, 이용하는 방법을 다시 생각해 자원을 효율적으로 사용하는 것이 목표입니다.

나라를 넘어서 세계 모두가 다 함께 달성해야만 하는 목표야.

기후 변화를 포함한 환경 전체와 관련된 목표가 있어.

기후 변화와 그 영향을 줄이는 방법을 추진하자

온실가스 때문에 생겨난 지구 온난화와 기후 변화는 결국 인간이 활동한 결과입니다. 모든 나라에서 해결책을 내놓아 지구에 더 이상 악영향을 끼치지 않게 해야 합니다. 그리고 이 목표 안에 있는 세부 항목은 모두 환경과 관련되어 있어요.

중요한 세부 항목

- 기후 관련 재해와 자연 재해에 관한 강인함과 적응 능력을 강화해요.
- 기후 변화 대책을 정책, 전략 및 계획에 포함시켜요.
- 기후 변화 대책에 관한 교육, 계발, 인적 능력 및 제도를 개선해요.
- 유엔 기후 변화 협약(UNFCCC)의 선진 당사국에 의한 약속을 실시하고 녹색 기후 기금을 본격적으로 운용해요.

바다 자원을 보전하고, 바다 생물의 환경을 생각하며 이용하자

바다는 인간에게 없어서는 안 되는 존재예요. 그런데도 쓰레기와 화학 물질이 흘러들어 해양이 오염되고 있어요. 목표 14의 모든 세부 항목은 바다 환경에 관련된 것이에요.

중요한 세부 항목

- 해양 오염을 방지하고 줄여요.
- 해양과 해안 생태계를 회복시켜요.
- 어획을 규제하고 부적절한 어업 관행을 종료하며 과학적인 관리 계획을 세워요.
- 해양의 건전성과 해양 생물 다양성의 향상을 위해서 해양 기술을 이전해요.
- 국제법을 실시하고, 해양 및 해양 자원을 보전하고 지속 가능하게 해요.

어떻게 해야 바다를 지킬 수 있을까? 함부로 버리지 않는다? 물고기를 너무 많이 잡지 않는다?

육지의 생물과 자원을 지키고, 생물 다양성을 보존하자

산림은 이산화 탄소를 흡수할 뿐만 아니라 기온 변화를 완화시키거나 먹거리를 제공합니다. 그러나 사람들이 산림을 파괴해서 농지를 만들거나 나무를 연료로 쓰려고 무분별하게 자른 결과, 산림이 줄고 생물은 살 장소를 빼앗기며 기후도 쉽게 변화하고 있어요. 인간은 물론이고 다양한 생물이 살아가도록 산림 보존을 목표로 하고 있어요.

중요한 세부 항목

- 육지와 내륙의 담수 생태계 및 그 서비스의 보전·회복·지속 가능한 이용을 강화해요.
- 산림이 지속 가능하도록 경영하고, 산림 감소를 막음과 동시에 나무와 숲을 늘려요.
- 사막화에 대처하고 황폐화된 토지와 토양을 회복시켜요.
- 생물 다양성을 포함하는 산지 생태계를 보전해요.

생물 다양성이 사라지면 인간의 생활에도 영향을 주는군.

산림은 인간은 물론이고 다양한 생물에 도움을 주는구나.

모든 사람과 생물이 평화롭게 살 수 있게 법률을 지키자

폭력과 무기를 사용한 전쟁, 학대와 인신매매를 없애기 위해 세부 항목이 포함되어 있습니다. 전 세계 사람이 모두 보호를 받고 평화롭게 생활하려면 법률을 이해하고 지키는 것이 필요해요.

모든 사람이 목표를 달성하도록 다 함께 협력하자

지속 가능한 발전을 위해서는 국가·기업·개인 모두가 협력할 필요가 있어요. 선진국과 개발 도상국, 기술과 자금을 원조하는 쪽과 받는 쪽은 공통의 목표를 이해하는 것이 필요해요.

여러 가지 문제가 전부 연결되어 있어. 지금 내가 할 수 있는 것을 우선 하나씩 생각해 보자.

생명을 위협 받는 귀중한 동물들

이 책에서 우리와 함께 환경을 공부한 동물 친구 중에는 남획과 환경 파괴로 개체 수가 줄어든 동물이 있어요.

중국에서 태어나 일본에서 성장

따오기

아름다운 날개를 얻기 위해 죽임을 당하거나 서식지가 없어져 일본산 따오기는 멸종되고 말았어요. 지금 일본에 있는 따오기는 중국에서 보낸 따오기와 그 자손이에요.

길이 1미터, 몸무게 100킬로그램 이상

바다거북

세계의 바다에서 널리 살고 있는 큰 바다거북은 인간이 먹기 위해 너무 많이 잡거나 어망에 걸려 죽거나 해 수가 감소하고 있어요. 또 모래사장이 줄어 알을 낳지 못하게 된 것도 원인이에요.

살고 있는 곳은 이제 인도네시아뿐

수마트라 코뿔소

두 개의 멋진 뿔이 있는 스마트라 코뿔소는 수마트라섬의 열대 우림에 서식해요. 하지만 사람들이 코뿔소 뿔을 얻기 위해 밀렵을 하고 산림을 벌채해 일부 장소에서 멸종하고 말았어요. 현재는 밀렵을 막기 위해 단속을 강화하고 있어요.

정글의 왕

호랑이

먹이 사슬의 꼭대기에 있는 호랑이도 인간의 사냥에 의해 공격당하거나 약의 재료로 쓰기 위해 죽임을 당해 멸종 위기종이 되었어요. 예전에 10만 마리였던 호랑이가 이제는 약 4000마리밖에 남지 않았어요.

100년을 살 수 있는 거대 잉꼬

회색앵무

아프리카 남해안에 서식하는 대형 잉꼬예요. 아주 오랫 동안 사는데 환경에 따라서는 100년을 살기도 해요. 그러나 최근에 서식지인 숲이 줄어서 주로 거주하던 가나에서는 20년 만에 그 수가 10분의 1이 되었어요.

북극에 사는 새하얀 곰

북극곰

북극에 사는 세계에서 가장 큰 곰이에요. 온난화로 북극 얼음이 녹아 버려 살 장소가 좁아지고 충분한 영양을 섭취하지 못해 2100년쯤이면 멸종할 거라고 해요.

숲이 타서 살 곳이 없어진다고요?

캥거루

캥거루가 많이 사는 호주에서는 산불과 가뭄 등이 문제예요. 캥거루는 보호종으로 정부에서 수를 늘리고 있지만, 종류에 따라서는 산불로 서식지를 잃거나 먹이가 없어 멸종 위험에 처한 캥거루도 있어요.

참고 사이트

이 책을 읽고 좀 더 알고 싶은 내용이 있나요?

지구 환경과 기후 문제와 관련해서 참고할 만한 인터넷 사이트를 소개합니다.

더 궁금한 내용이 있다면 접속해서 찾아 보세요!

기상청 기후 정보 포털

www.climate.go.kr

▶ 국내외 기후 변화와 연구 자료, 과학 정보를 얻을 수 있어요.

유엔 지속 가능 발전 목표

www.un.org/en/actnow

▶ 지속 가능한 발전 목표를 위해 사람들이 행동할 수 있는 캠페인을 소개해요.

환경 교육 포털

www.keep.go.kr

▶ 기후 위기 대응부터 환경 교육 정책과 현장에 관련된 다양한 이야기를 살펴볼 수 있어요.

탄소 중립 관련 사이트

tips.energy.or.kr/main/main.do

▶ 온실가스 감축을 위한 탄소 중립 정보를 제공해요.

사진 출처 및 참고 문헌

12쪽 - 셔터스톡 (우주)
20쪽 - 셔터스톡 (유럽 칼새, 자이언트 판다)
21쪽 - 셔터스톡 (파리 기후 협약 로고)
23쪽 - 셔터스톡 (빅뱅, 폭발적 항성 생성)
27쪽 - 국제항업주식회사, 'MOGIST 리모트 센싱의 탄생과 발전'
 (http://mogist.kkc.co.jp/history/development/04/index.html)
29쪽 - 세계 인구 변화, World Population Prospects the 2017 Revision, 2017
34쪽 - 환경성, 온난화로부터 지구를 지키는 적응을 향한 도전, 2009
35쪽 - 기상청, 세계 평균 기온 변화, 2021
42쪽 - Katsumi Kasahara/AP Images (교토 의정서)
 KBS 영상 캡처 (파리 기후 변화 협약)
 UN Climate Change (COP25)
45쪽 - 환경성, 유엔 식량 농업 기구(FAO) Global Forest Resources Assessment 2010
46쪽 - 셔터스톡 (코끼리)
52쪽 - 셔터스톡 (쓰레기)
53쪽 - 네이버 지식백과 시사상식 사전, 2015
55쪽 - 환경성, 플라스틱을 둘러싼 일본 국내외의 상황, 2018
66쪽 - 그린피스 (가정에서 나오는 일회용 플라스틱 종류)
77쪽 - 농림수산성, 일본 총무성 인구 추계 식량 수급표(확정치), 2018
84쪽 - 우리역사넷 (사진)
91쪽 - 한국전력, 전력통계속보 (2020년 1월~9월 발전 비중)
94쪽 - 셔터스톡 (후쿠시마 원자력 발전소)
96쪽 - 셔터스톡 (온칼로, 체르노빌)
99쪽 - 에너지경제연구원, 에너지통계월보, 2024
102쪽 - 조선일보 (석유 사재기)
103쪽 - 한국석유공사 (한국의 석유 소비 비중)
 석유정보센터/세기 고타로, 《석유를 지배하는 자》 이와나미 신서 (석유의 역사)
104쪽 - 독립행정법인 석유천연가스/금속광물자원기구 '세계의 셰일 가스·오일의 자원량 평가를 고찰해요'
108쪽 - 셔터스톡 (하와이 바다)
116쪽 - 셔터스톡 (바다거북)
117쪽 - 환경성, '해양 쓰레기를 둘러싼 최근의 동향', 2018
118쪽 - 국제농림업 협동협회, JAICAF 세계어업·양식업, 2018
120쪽 - 셔터스톡 (해변)
131쪽 - 화학동인, 《식물이 지구를 바꾸었다》, 2007 (그래프)
132쪽 - 사이토 가쓰히로, 《환경과학을 한 권으로 전부 알 수 있다》 벨 출판, 2020 (대기의 구조)
138쪽 - 셔터스톡 (인어상)
148쪽 - 아사히 초등학생 신문, 2021년 2월 20일
150쪽 - 셔터스톡 (고릴라)
151쪽 - 야마가타 대학 의학부, 야생 생물종의 멸종
162쪽 - 살아 있는 지구 보고서 2020(WWF)
166쪽 - 셔터스톡 (산림)
175쪽 - 유엔 WPF 블로그 (식량 부족 원인)
178쪽 - 셔터스톡 (발열)
182쪽 - 국제학술지 <환경연구회보>
184쪽 - 셔터스톡 (시위)

찾아보기

ㄱ

가뭄　16, 39, 40, 46-48, 171, 175, 185, 194
감염증　41, 178, 179
개체군　162, 163
갯벌　122, 123
광합성　12, 15, 93, 117, 130, 156, 158, 165
광화학 스모그　40, 144, 145
광화학 옥시던트　41, 145
교토 의정서　21, 42, 81
기후 난민　171
기후 변화　15, 20, 21, 34, 38-40, 42, 43, 157, 184, 188, 189, 192

ㄴ

냉하　49

ㄷ

다세포 생물　12, 131, 133
단세포 생물　133
담수　109, 139, 111, 193
대기 전력　105
대기 환경 보전법　147

ㄹ

라니냐　47
리듀스　68
리유즈　68

ㅁ

머티어리얼 재활용　72
먹이 사슬　60, 61, 152, 154, 155, 159, 194
메탄가스　14, 40
메탄 하이드레이트　104
멸종 생물　151
멸종 위기종　150-153, 194
무기물　156, 157
미세 플라스틱　58-61

ㅂ

바이오매스　56, 90-92, 101, 183
바이오매스 에너지　100, 101
바이오 플라스틱　56
반도체　113, 136
방사선　66, 95
방사성 물질　66, 95, 96
배출　89
백내장　136, 137
보호림　167
불법 투기　60, 63

ㅅ

사슴 피해　159
사이클론　48, 133
사회 인프라　182, 183
산성비　139-143
산업 배수　114, 123
산업 혁명　13, 19, 29, 30, 36, 87

생물 다양성　119, 160-163, 192, 193
생물 멸종　41
생존 법칙　168
생태계　15, 35, 156
생태계 서비스　164, 165
생태계의 다양성　161
생활 배수　28, 114, 123
셰일 가스　104, 115
순환형 사회　74, 75
식량 부족　171, 175
식품 로스　65, 76-79, 124, 191
쓰레기 줄이기　75, 81

ㅇ

아이치 목표　163
엘니뇨　47
연료전지 자동차　147
열적 재활용　72
열파　49
오일 쇼크　102, 103
오존　133, 135, 145
오존층　12, 15, 40, 131, 132, 134-137, 145
오존층 파괴　15, 40, 135
오존 홀　135
온난화　15, 16, 34, 35
온실가스　14, 15, 21, 31, 34, 36, 37, 42, 70, 79, 93, 137,182, 185, 192
온실 효과　40, 137
원자　95

원자력　94
원자력 발전소　66, 94, 97, 95
위치 에너지　92, 93
유기물　12, 156, 157
유전자 변형 기술　177
유전자 변형 식품　176
유전자의 다양성　161
의료 쓰레기　66
이상 기후　15, 17, 39, 40, 46-48, 171, 175, 190

ㅈ

자연재해　39, 45, 96, 106, 171, 175
자외선　135
재사용하기　74, 81
재활용　68, 071
재활용하기　74, 81
전기 자동차　43, 87, 147, 181, 182
제로 에미션　182, 183
종의 다양성　161
중위도 지대　133
지구 온난화　14, 20, 21, 38-41, 44, 46, 47, 50, 55, 91, 97, 118, 152, 171, 172, 179, 180, 182, 184-186, 192
지구 온난화 시스템　36
지속 가능한 발전 목표　188
질소산화물　40, 139, 143, 145
집중 호우　48, 49

ㅋ

코로나 바이러스　178
케미컬 재활용　72

ㅌ

탄소세　181
탄소 중립　93, 182
탈플라스틱　57, 187
태풍　16, 40, 48, 49, 92, 133, 171
토양 오염　55, 120, 121, 127-129
토양 오염 대책법　129
퇴비　167
특정 유해 물질　129

ㅍ

파리 기후 변화 협약　21, 42, 43, 182
팬데믹　179
폭염　46, 49
프레온 가스　15, 134-136
플라스틱 쓰레기　15, 52-54, 59, 117, 121, 124, 185

ㅎ

하이브리드 자동차　147
한파　49
해발　38, 39, 41
해수 담수화 플랜트　111
해양 쓰레기　117, 119, 121, 123, 125, 186
핵반응　95

허리케인　48, 133, 171
화석 연료　15, 55, 91, 92, 99, 100, 101, 104, 106, 120, 143, 172, 181, 183
환경 개선 부담금　181
환경학　16, 17
황산화물　139, 143
회오리　49, 133

P

pH　139, 141, 143

R

Recycle　74, 81
Reduce　74, 81
Reuse　74, 81

S

SDGs　21, 43, 57, 79, 93, 125, 152, 177, 188, 190, 191

U

UV　135

번호

3R　74, 81